公司金融前沿论丛

A Theoretical and Empirical Study on
Real Earnings Management of Chinese Listed Firms

中国上市公司
真实活动盈余管理的
理论与实证研究

陈习定 张芳芳 ／ 著

中国财经出版传媒集团

经济科学出版社
Economic Science Press

图书在版编目（CIP）数据

中国上市公司真实活动盈余管理的理论与实证研究/
陈习定，张芳芳著.—北京：经济科学出版社，2018.7
（公司金融前沿论丛）
ISBN 978 – 7 – 5141 – 9777 – 8

Ⅰ.①中… Ⅱ.①陈… ②张… Ⅲ.①上市公司 –
企业利润 – 研究 – 中国 Ⅳ.①F279.246

中国版本图书馆 CIP 数据核字（2018）第 218240 号

责任编辑：杜　鹏　张　燕
责任校对：王肖楠
责任印制：邱　天

中国上市公司真实活动盈余管理的理论与实证研究

陈习定　张芳芳/著
经济科学出版社出版、发行　新华书店经销
社址：北京市海淀区阜成路甲 28 号　邮编：100142
编辑电话：010 – 88191441　发行部电话：010 – 88191522
网址：www.esp.com.cn
电子邮件：esp_bj@163.com
天猫网店：经济科学出版社旗舰店
网址：http://jjkxcbs.tmall.com
固安华明印业有限公司印装
880×1230　32 开　4.25 印张　150000 字
2018 年 12 月第 1 版　2018 年 12 月第 1 次印刷
ISBN 978 – 7 – 5141 – 9777 – 8　定价：29.00 元
（图书出现印装问题，本社负责调换。电话：010 – 88191510）
（版权所有　侵权必究　打击盗版　举报热线：010 – 88191661
QQ：2242791300　营销中心电话：010 – 88191537
电子邮箱：dbts@esp.com.cn）

感谢教育部人文社会科学研究青年基金项目"中国上市公司真实活动操控理论与实证研究"（项目批准号，13YJC790011）、国家社科基金重大项目"中国地区金融风险指数构建与应用研究"（项目批准号：18ZDA093）、浙江省自然科学基金项目"外部监督对中国上市公司技术创新的影响机理及对策研究"（项目批准号：LQ19G020002）、温州市社科规划课题"供给侧改革背景下温州绿色 GDP 增长机制与路径研究"（项目批准号：18wsk210）和温州商学院著作出版基金的资助

目　　录

第 *1* 章
导　论

1.1　研究背景和意义

　　上市公司的盈余被外部利益相关者认为是公司财务报表中最重要的会计信息。根据格雷厄姆、哈维和拉杰帕尔（2005）的研究，首席财务官认为盈余而不是现金流量，是外部利益相关者评估公司价值的首选工具。上述信条给上市公司带来强烈的激励去操控盈余达到或者超越特定的盈余目标从而来取悦外部利益相关者（布格斯塔勒和迪切夫，1997）。

　　长期以来，财务实践中有两种操控盈余的办法。第一种是通过操控应计项目来实现，该方法不会对现金流造成直接影响（罗约夫德里，2006）。这种基于应计项目的盈余操控（accrual-based earnings management，AEM）持续时间较短且会发生反转。第二种通过操控上市公司的真实活动（real activities）来实现。例如，管理层通过改变真实活动（例如销售活动、生产活动或者投资活动）的时点和规模来达到或超过特定的盈余目标。这种基于真实活动的盈余操控（real earnings management，REM）对上市公司的现金流会造成直接的影响。公司管理层偏爱使用真实活动去操控盈余是因为它更难被投资者察觉或提出诉讼（格雷厄姆、哈维和拉杰帕尔，2005；黄、罗约夫德里和斯莱滕，2017；科塔里、米奇可和罗约夫德里，2016），不仅如此，真实活动盈余操控更少受到董事会、监管者和其他利益相关者的监视（金和索恩，2013）。

因此，中国上市公司的真实活动盈余管理的现状是值得研究的。特别地，我们想知道以下五个方面的答案：第一，什么因素驱动中国上市公司的真实活动盈余管理？第二，中国独特的制度环境对真实活动盈余管理有什么影响？第三，真实活动盈余管理与应计项目盈余管理的成本比较。第四，真实活动盈余管理对上市公司运营表现有什么影响？第五，真实活动盈余管理对上市公司市场表现有什么影响？

本书研究既有重要的理论意义也有重要的现实意义和政策意义。从理论意义上看，本书可以为真实活动操控研究提供新的证据。从现实意义上看，本书的实证证据可以为利益相关者提供决策依据，例如，董事会可以利用本书的实证证据监督公司管理层，债权人可以利用本书的实证证据保护其权益，投资者可以利用本书的实证证据设计和完善投资策略等。从政策意义上看，本书的实证证据可以为证监会、税务机关等第三方监管机构监管上市公司盈余管理行为时提供参考依据。

1.2 研究内容

第一，本书立足于中国特有的制度背景，借鉴国内外已有相关研究成果，检验中国上市公司真实活动盈余管理的动机，考察中国退市制度、公司特征和外部监督对真实活动盈余管理的影响。

以1998～2016年中国沪深A股上市公司为样本，我们发现盈余管理嫌疑公司（资产收益率大于等于0且小于等于1%的年度观测值）有更强的动力通过真实活动向上管理盈余。考虑到应计项目盈余管理可能会影响本书的结论，我们在控制了应计项目盈余操控后，上述结论仍然成立。

本书还发现，公司特征和外部监管也会影响上市公司的真实活动盈余管理水平。具体来说：①上市公司资产收益率（ROA）与真实活动盈余管理综合变量显著负相关，这表明上市公司的运营绩效能降低其真实活动盈余管理水平。②上市公司成长机会（MTB）与真实活动盈余管理综合变量显著负相关，表明上市公司的成长机会能降低其真实活动盈余管理水平。③上市公司杠杆比率（LEV）与真实活动盈余管理综合变量显著正相关，这表明上市公司的财务风险提高了真实活动盈余管理水平。④分析师覆盖人数（ANALYST）与真实活动盈余管理综合变量显著负相关。这表明分析师覆盖人数能降低上市公司的真实活动盈余管理水平。⑤机构投资者持股比例（INS）与真实活动盈余管理综合变量显著负相关。这表明机构投资者持股比例能降低上市公司的真实活动盈余管理水平。

第二，本书研究真实活动盈余管理对上市公司运营绩效的影响，并比较了真实活动盈余管理与应计项目盈余管理的经济成本。本书发现真实活动盈余管理与上市公司未来资产收益率以及现金流均呈显著负相关关系。研究同时发现，盈余管理嫌疑公司的真实活动盈余管理行为不能改进未来运营绩效。研究还发现，与应计盈余管理相比，真实活动盈余管理对上市公司未来现金流的负面影响更大，这表明真实活动盈余管理的经济成本高于应计盈余管理。

第三，本书研究经盈余表现匹配后的真实活动盈余操控变量（performance matched real earnings management，PMREM）对上市公司未来股价崩盘风险的影响。将 1999～2016 年中国上市公司作为样本，我们发现 PMREM 与上市公司未来股价崩盘风险显著正相关。进一步研究发现，PMREM 与上市公司未来股价崩盘风险的正相关关系在代理成本较高的公司（高管理费用比率公司或低资产周转率公司）更明显。最后，我们还发现上市公司的真实活动盈余操控程度越高，其财务报告质量越低。我们的实证结果表明真实活动盈余操控会隐藏坏消息的及时披露并引致次优决策，这正是导致上市公司未来股价崩盘的原因。

第 **2** 章
真实活动盈余操控的动机

本章探讨真实活动盈余操控的动机。以 1998 ~ 2016 年中国沪深 A 股上市公司为样本，我们发现盈余管理嫌疑公司有更强的动力通过真实活动向上管理盈余，在控制了应计项目盈余操控后，上述结论仍然成立。此外，横截面分析表明公司特征和外部监管也会影响上市公司的真实活动盈余管理水平。

2.1 引 言

大量的理论文献和实证证据表明上市公司有盈余管理行为（弗登伯格和梯诺尔，1995；格雷厄姆、哈维和拉杰帕尔，2005；希利，1985；卡斯尼克，1999；罗德里格斯和范海曼，2010；斯特恩，1989）。盈余管理分为应计盈余管理和真实活动盈余管理两大类（格雷厄姆、哈维和拉杰帕尔，2005）。与应计盈余管理一样，真实活动盈余管理的目的也是粉饰或模糊上市公司的真实业绩水平。两者的区别在于：应计盈余管理是利用会计方法的选择来实现的，其作用对象是应计项目，应计盈余管理并不改变上市公司的现金流，仅改变盈余在不同会计期间的反映和分布，因此对公司内在经济活动不会产生实质影响；真实活动盈余管理则是通过改变公司内在经济活动来实现的，因此会改变上市公司的应计项目和现金流（科恩、迪和丽丝，2008；伽尼，2010）。

会计准则制定者总希望通过制定更高质量的会计准则以减小公司管理层进行会计操控的空间。在美国安然事件发生后对会计准则应该是原则导向还是规则导向的大讨论中，施佩尔（2003）指出，会计规则的强化将导致应计盈余管理减少而真实盈余管理增多的替代效应，从而违背规则制定者的初衷。埃沃特和瓦根霍费尔（2005）用理性预期模型证明，更加严格的会计标准会导致公司转向成本更高的真实盈余管理。事实上，近年来，越来越多的研究发现操纵应计项目并不是盈余管理的唯一方式，管理层还会选择操控经营、筹资和融资等实际经营活动来实现避免亏损、保持业绩持续增长或达到分析师预测等盈余目标。相比之下，真实盈余管理具有难以与正常业务活动区分和不受会计规则约束的特点，因而是一种隐蔽性更强、有时危害更大的盈余管理行为。

本章探讨真实活动盈余操控的动机。与西方发达国家较为成熟的资本市场不同，上市对中国企业非常重要。只要企业能够上市，企业就可以源源不断地获得成本较低的股权融资（即所谓的"圈钱"）。在中国的现行政策下，亏损是上市公司退市的主要原因，因此，亏损自然成了上市公司最大的敌人。为了避免退市，上市公司不惜使用各种手段提高盈余水平。

本章以1998~2016年中国沪深A股上市公司为样本，研究发现，盈余管理嫌疑公司有更强的动力通过真实活动向上管理盈余，在控制了应计项目盈余操控后，上述结论仍然成立。此外，横截面分析表明公司特征和外部监管也会影响上市公司的真实活动盈余管理水平。

本章以下部分的内容结构是：第 2.2 节为相关文献回顾和研究假说；第 2.3 节为研究设计；第 2.4 节为实证结果；第 2.5 节为结论。

2.2　相关文献回顾和研究假说

2.2.1　真实活动盈余管理

虽然真实活动盈余管理的研究不如应计盈余管理普遍，但是格雷厄姆、哈维和拉杰帕尔（2005）的调查表明管理层偏爱使用真实活动（例如，削减酌量费用或资本支出）而不是应计项目来管理盈余。具体来说，格雷厄姆、哈维和拉杰帕尔（2005）在调查中发现，80% 的管理层会减少研发费用和广告费用这些酌量费用以达到特定的盈余门槛，超过半数（55.3%）的被调查管理层愿意推迟新项目以实现盈余目标，即使这样会导致上市公司价值的牺牲。

管理层偏爱真实活动盈余管理至少有两方面的原因：第一，与应计项目盈余管理相比，真实活动盈余管理更难被审计师和监管当局发现（科恩和查诺文，2010），例如，对销售价格、研发费用、广告费用以及生产数量的操控等。第二，单独使用应计盈余管理风险较大。如果未操控盈余与盈余目标差距较小，在会计期末单独使用应计盈余管理就可以达到盈余目标。但如果未操控盈余与盈余目标差距较大,除非从会计期初就实施真实活动盈余管理,否则在会计期末单独使用应计盈余管理无法达到盈余目标。

与上述预测相吻合,研究者发现管理层会通过减少研发费用以及出售资产来达到甚至超过盈余门槛。例如,德肖和斯隆(1991)发现,管理层在接近任期结束年份会削减研发费用以增加短期盈余。巴伯、费尔菲尔德和哈格德(1991)以及布希(1998)的研究证实公司管理层会通过削减研发费用以达到特定的盈余目标。巴托夫(1993)发现,盈余减少的公司通过出售资产报告更高的盈利。赫尔曼、井上和托马斯(2003)发现,日本上市公司的管理层也通过出售固定资产和有价证券来管理盈余。

罗约夫德里(2006)对真实活动盈余管理进行了详尽的分类。具体来说,管理层通过以下三种活动管理盈余以达到特定的盈余门槛:①销售性操控,指公司管理层为提高产品销售数量和盈余而采取增加促销折扣、放宽信用条件等措施;②生产性操控,指公司管理层利用产品生产的规模效应,超量生产产品以降低单位产品成本并提高盈余;③费用性操控,指公司管理层为增加当期的会计盈余,而激进地削减当期研发费用、广告费用和其他费用,特别是在这些酌量费用不能立即产生收入的情况下。

2.2.2　研究假说

与西方发达国家较为成熟的资本市场不同,上市对中国企业非常重要。只要能够上市,企业就可以源源不断地获得成本较低的股权融资（即所谓的"圈钱"）。1998 年实施的股票上市规则规定，连续两年出现亏损等异常财务状况的上市公司的股票交易将被进行特别处理：股票报价日涨跌幅限制为 5%，股票名称改为原股票名前加"ST"，且公司的中期报告必须审计。公司经营如果连续三年亏损，将被实施退市预警。这就是我们所说的 ST 制度。在 ST 制度下，亏损是上市公司退市的主要原因，为了避免退市，上市公司不惜使用各种手段（包括应计项目盈余管理和真实活动盈余管理）提高盈余水平跨过零利润的门槛。

基于前述分析和罗约夫德里（2006）的研究，我们提出本节的第一个假说。

H1：在其他条件等同的情况下，盈余嫌疑公司的真实活动盈余管理水平更高。

大量的文献表明，公司特征会影响上市公司的盈余管理水平，例如公司规模和盈利能力（罗约夫德里，2006）、成长机会（斯金纳和斯隆，2002）、杠杆比率（迪切夫和斯金纳，2002）、行业性质（罗约夫德里，2006）。文献同时表明外部监管也会影响上市公司的盈余管理水平，例如分析师覆盖人数（余，2008；陈习定、张芳芳和张顺明，2016；张芳芳和陈习定，2015）和机构投资者持股比例（罗约夫德里，2006）。

基于前述分析，我们提出本节的第二个假说。

H2：在其他条件等同的情况下，公司特征和外部监管会影响上市公司的真实活动盈余管理水平。

2.3　研究设计

2.3.1　样本和数据来源

本章需要用到中国沪深 A 股上市公司会计年度财务数据，它们来源于国泰安信息技术公司的中国股票市场研究数据库（CSMAR）。本章样本的时间区间为 1998～2016 年，这是因为从 1998 年开始中国 A 股上市公司才被要求提交现金流量表，而现金流量表是测算应计盈余管理和真实活动盈余管理必不可少的。只有回归方程所有变量均没有缺失的公司年度（firm - year）观测值才会被包括在我们的样本中。在选择样本时，由于金融公司财务报表的特殊性，我们还剔除了金融行业（银行、保险公司和资产公司等）的股票。

2.3.2　应计盈余管理变量的测算

本章以可操控应计项目作为应计盈余管理的代理变量。盈余包括现金流和应计项目两个部分。与现金流相比，应计项目的方向和大小往往需要管理层的判断和估计，因此更容易被操纵。值得注意的是，并不是所有应计项目都是盈余操控的产物，在特定行业和运营条件下，应计项目是必不可少的。因此，应计项目又可以进一步分成不可操控应计项目（NDA）和可操控应计项目（DA）[1]。可操控应计项目作为应计盈余管理的代理变量被运用于各类研究，例如，股票首次公开发行（蒂欧、韦尔奇和黄，1998），股票增发（兰根，1998；希瓦库马，2000；蒂欧、韦尔奇和黄，1998），管理层收购（迪安杰洛，1986；佩里和威廉姆森，1994），兼并和收购（埃里克森和王，1999），代理权竞争（迪安杰洛，1988），债务契约（德丰和詹巴尔沃，1994），养老金计划（伯吉克斯特和费利佩，2006；伯恩斯和凯迪亚，2006；希利，1985），内部人交易（帕克和帕克，2004），审计质量（凯里和西蒙特，2006）和信息披露频率（乔和基姆，2007）等。

借鉴德肖、斯隆和斯威尼（1995）的研究，我们使用修正的琼斯模型（琼斯，1991）来测算可操控应计项目。本章对每个行业每年的观测值分别估计修正的琼斯模型，同科恩和查诺文（2010）一样，我们要求每个行业每年的观测值数目至少有 8 个。修正的琼斯模型具体如下：

$$\frac{TA_{it}}{A_{it-1}} = \alpha_1 \frac{1}{A_{it-1}} + \alpha_2 \frac{\Delta REV}{A_{it-1}} + \alpha_3 \frac{PPE_{it}}{A_{it-1}} + \varepsilon_{it} \qquad (2-1)$$

其中，i 代表公司；t 代表年份；TA 为应计项目，等于净利润与经营现金净流量的差；A 为总资产；ΔREV 为销售收入的变化额；PPE 为固定资产原值。利用式（2-1）估计出来的参数，我们可以测算出不可操控应计项目（NDA），具体如下：

$$NDA_{it} = \hat{\alpha}_1 \frac{1}{A_{it-1}} + \hat{\alpha}_2 \left(\frac{\Delta REV_{it}}{A_{it-1}} - \frac{\Delta AR_{it}}{A_{it-1}} \right) + \hat{\alpha}_3 \frac{PPE_{it}}{A_{it-1}} \quad (2-2)$$

其中，ΔAR 为应收账款的变化额。可操控应计项目 DA 可表示

---

[1]　即 nondiscretionary accruals（NDA）和 discretionary accruals（DA）。

如下：

$$DA_{it} = \frac{TX_{it}}{A_{it-1}} - NDA_{it} \qquad (2-3)$$

由于所有的变量均用初始总资产单位化，因此，书中的应计盈余管理变量实际上是可操控应计项目占初始总资产的百分比。

2.3.3　真实活动盈余管理变量的测算

借鉴罗约夫德里（2006），我们使用可操控经营现金净流量、可操控产品成本和可操控酌量性费用三个变量测度真实活动盈余管理。后续大量研究（科恩、迪和丽丝，2008；科恩和查诺文，2010；伽尼，2010；何、刘和欧阳，2012；金和索恩，2011；臧，2011）证实了使用上述变量测度真实活动盈余管理是合适的。

我们重点关注三种真实活动盈余管理方法以及对上述变量的影响。第一，通过放宽销售条件限制和信用条件、加大销售折扣等方法增加销售收入。如果边际收益为正，增加的销售收入将抬高当期盈余。但是，无论是放宽销售条件限制和信用条件还是加大销售折扣均会使当期经营现金净流量下降。第二，利用规模效应可以增加生产以降低产品销售成本并提高盈余水平，但会使当期总体产品成本增加以及当期经营现金净流量下降。第三，通过缩减研发开支、广告开支和维修开支等酌量性费用抬高当期盈余，这会降低当期酌量性费用并增加当期经营现金净流量。

　　根据罗约夫德里（2006），我们首先通过线性回归估算出经营现金净流量、产品成本和酌量性费用的正常水平（拟合值），然后根据每个公司当年发生的实际数减去其正常水平即可得到可操控经营现金净流量、可操控产品成本和可操控酌量性费用。

　　我们对每个行业每年的观测值分别估计经营现金净流量、产品成本和酌量性费用的正常水平，同科恩和查诺文（2010）一样，我们要求每个行业每年的观测值数目至少有 8 个。

　　经营现金净流量、产品成本和酌量性费用正常水平的估计方程分别为式（2-4）、式（2-5）和式（2-6）。

$$\frac{CFO_{it}}{A_{it-1}} = \alpha_1 \frac{1}{A_{it-1}} + \alpha_2 \frac{SALES_{it}}{A_{it-1}} + \alpha_3 \frac{\Delta SALES_{it}}{A_{it-1}} + \varepsilon_{it} \quad (2-4)$$

其中，i 为公司；t 为年份；CFO 为经营现金净流量；A 为总资产；SALES 为销售收入；ΔSALES 为销售收入的变化额；ε 为误差项。可操控经营现金净流量等于每年实际的经营现金净流量减去式（2-4）经营现金净流量拟合值的差。

$$\frac{PROD_{it}}{A_{it-1}} = \alpha_1 \frac{1}{A_{it-1}} + \alpha_2 \frac{ASLES_{it}}{A_{it-1}} + \alpha_3 \frac{\Delta SALES_{it}}{A_{it-1}} + \alpha_4 \frac{\Delta SALES_{it-1}}{A_{it-1}} + \varepsilon_{it}$$

$$(2-5)$$

其中，产品成本（PROD）等于销售产品成本（COGS）加上当年存货的变动额（ΔINV）。其他变量与式（2-4）一致。

$$\frac{DISEXP_{it}}{A_{it-1}} = \alpha_1 \frac{1}{A_{it-1}} + \alpha_2 \frac{SALES_{it-1}}{A_{it-1}} + \varepsilon_{it} \quad (2-6)$$

其中，酌量性费用（DISEXP）包括研发费用、广告费用以及销售和管理费用。其他变量与式（2-4）一致。

　　可操控经营现金净流量（R_CFO）、可操控产品成本（R_

PROD）和可操控酌量性费用（R_DISEXP）等于各变量当年发生的实际数减去式（2-4）、式（2-5）和式（2-6）对应拟合值的差。我们使用这三个变量来测度真实活动盈余管理，如果公司使用真实活动盈余管理抬高利润，将呈现出更低的经营现金净流量、更高的产品成本和更低的酌量性费用，在扣除不可操控的正常部分后，公司将具有更低的可操控经营现金净流量、更高的可操控产品成本和更低的可操控酌量性费用（科恩和查诺文，2010；罗约夫德里，2006）。由于所有变量均用初始总资产单位化，因此，书中的真实操控变量实际上是真实操控变量占初始总资产的百分比。

为了让真实活动盈余管理变量的方向与向上管理盈余一致，我们定义 RM_CFO = - R_CFO、RM_PROD = R_PROD 且 RM_DISEXP = - R_DISEXP。考虑到上市公司可能会同时采取多种真实活动盈余管理方法，同科恩和查诺文（2010）、臧（2011）一样，为了测度真实活动盈余管理的总体作用，我们利用三个单独的真实活动盈余管理变量构造了两个综合真实活动盈余管理变量（RM1 和 RM2）。第一个综合真实活动盈余管理变量（RM1）等于可操控酌量性费用乘以 -1 再加上可操控产品成本的和①，这样 RM1 的数值越高意味着上市公司抬高的利润越多。第二个综合真实活动盈余管理变量（RM2）等于可操控经营现金净流量乘以 -1 再加上可操控产品成本的和，RM2 的数值越高同样意味着上市公司抬高的利润越多。

---

① 根据罗约夫德里（2006），一些真实活动会提高可操控生产成本并降低可操控经营现金净流量，将两者组合的总体真实活动操控变量会导致重复计算，因此，本节不构造由可操控经营现金净流量和可操控产品成本组合的总体真实活动操控变量以及由可操控经营现金净流量、可操控产品成本和可操控酌量性费用三者组合的总体真实活动操控变量。

2.3.4　回归方程

（1）对假说 H1 的检验。

为了检验假说 H1，我们使用的回归方程如下：

$$RM_{it} = \alpha_0 + \alpha_1 SUSPECT_{it} + \alpha_2 ROA_{it} + \alpha_3 SIZE_{it} + \alpha_4 MTB_{it} + \varepsilon_{it}$$

$$(2-7)$$

其中，i 为公司；t 为年度。RM 为真实活动盈余管理变量；SUSPECT 为哑变量，如果上市公司有盈余管理的嫌疑（$0 \leqslant ROA \leqslant 0.01$），我们定义 SUSPECT 等于 1，否则等于 0。控制变量如下：ROA_t 为公司 t 年的资产收益率，用来控制公司运营绩效；SIZE 为上市公司市值，用来控制公司规模效应；MTB 为市值账面比，用来控制上市公司的增长机会；ε_{it} 为扰动项。如果 α_1 为正（负），那么盈余嫌疑公司的真实活动盈余管理水平更高（低）。

（2）对假说 H2 的检验。

为了检验假说 H2，我们使用的回归方程如下：

$$RM_{it} = \alpha_0 + \alpha_1 ROA_{it} + \alpha_2 SIZE_{it} + \alpha_3 MTB_{it} + \alpha_4 LEV_{it}$$
$$+ \alpha_5 STATE_{it} + \alpha_6 ANALYST_{it} + \alpha_7 INS_{it} + \varepsilon_{it} \quad (2-8)$$

其中，i 为公司；t 为年度；RM 为真实活动盈余管理变量；ROA_t 为公司 t 年的资产收益率，用来控制公司运营绩效；SIZE 为上市公司市值，用来控制公司规模效应；MTB 为市值账面比，用来控制上市公司的增长机会；LEV 为上市公司杠杆比率，用来控制上市公司的财务风险；STATE 为哑变量，如果上市公司为国有企业，我们定义 STATE 等于 1，否则等于 0；ANALYST

为分析师覆盖人数的自然对数；INS 为机构投资者的持股比例；ε_{it} 为扰动项。

2.4 实证结果

2.4.1 描述性统计

表 2 - 1 给出了各变量的描述性统计。为了减少奇异值对实证结果的影响，所有连续变量的值在 1% 和 99% 处采取缩尾（winsorization）处理。可以看到，有盈余管理嫌疑的上市公司占总样本的比重为 13.60%，这要远远高于美国的 4.56%（伽尼，2010），也证实了零利润是中国上市公司的重要利润门槛。

表 2 - 1　　　　　　　各变量描述性统计

Variable	Defination	Obs	Mean	Median	Std. Dev.
RM_CFO	− R_CFO	22804	− 0.001	0.000	0.085
RM_PROD	− R_PROD	22804	− 0.002	0.009	0.122
RM_DISEXP	− R_DISEXP	22804	0.001	0.013	0.070
RM1	− R_DISEXP + R_PROD	22804	− 0.001	0.021	0.171
RM2	− R_CFO + R_PROD	22804	0.000	0.010	0.119
SUSPECT	是否有盈余管理嫌疑	22804	0.136	0.000	0.342
ROA	资产收益率	22804	0.031	0.030	0.061
SIZE	市场价值的自然对数	22804	15.381	15.332	1.038
MTB	市值账面比	22804	3.926	2.766	3.920

续表

Variable	Defination	Obs	Mean	Median	Std. Dev.
LEV	总负债/总资产	22804	0.476	0.484	0.205
STATE	是否为国有企业	22804	0.529	1.000	0.499
ANALYST	Log（1 + 分析师覆盖人数）	22804	1.298	1.099	1.143
INS	机构投资者持股比例	22804	0.062	0.031	0.094

注：可操控经营现金净流量（R_CFO）、可操控产品成本（R_PROD）和可操控酌量性费用（R_DISEXP）等于各变量当年发生的实际数减去式（2-4）、式（2-5）和式（2-6）对应拟合值的差。

同时可以看到，一个处于中位的公司资产收益率为 3.00%、市场价值的自然对数为 15.33、市值账面比为 2.76、资产负债率为 48.40%、机构投资者持股比例为 3.10%。

我们还可以看到中位公司的 RM_CFO、RM_PROD、RM_DISEXP、真实活动操控变量 RM1 和真实活动操控变量 RM2 分别为 0、0.90%、1.3%、2.1% 和 1.0%。

表 2-2 给出了检验假说 H1 使用的主要变量的相关系数矩阵，真实活动盈余管理变量既包括单一真实活动盈余管理变量 RM_CFO、RM_PROD、RM_DISEXP，也包括综合变量 RM1 和 RM2。可以看到真实活动操控变量 RM_CFO、RM_PROD、RM_DISEXP、RM1 和 RM2 均与 SUSPECT 变量显著正相关[①]。同时还可以看到单一真实活动盈余管理变量与综合变量显著正相关。

---

① 在 1% 的水平上均显著不为零（表中没有标出）。

表 2 - 2   检验假说 H1 使用的主要变量的相关系数矩阵

	RM_CFO	RM_PROD	RM_DISEXP	RM1	RM2	SUSPECT
RM_CFO	1.000					
RM_PROD	0.439	1.000				
RM_DISEXP	0.168	0.549	1.000			
RM1	0.382	0.939	0.803	1.000		
RM2	0.812	0.637	0.712	0.748	1.000	
SUSPECT	0.098	0.151	0.126	0.159	0.145	1.000

注：(1) 变量定义请参照表 2 - 1。
(2) 所有连续变量的值在 1% 和 99% 处采取缩尾 (winsorization) 处理。

2.4.2　对假说 H1 的检验

表 2 - 3 给出了对式 (2 - 7) 的回归结果。我们在所有的回归中均控制了行业效应和年度效应。为了减少异方差的影响，回归中的标准差均聚集在公司层面上。

表 2 - 3 给出了因变量为真实活动盈余管理综合变量的回归结果。可以看到，在控制了资产收益率 (ROA)、公司规模效应 (SIZE)、公司增长机会 (MTB)、行业效应和年度效应后，SUSPECT 变量与真实活动盈余管理综合变量显著正相关。

表 2 - 3   嫌疑公司年度观测值与剩余样本的对比 (因变量
为真实活动盈余管理综合变量) I

	(1) RM1	(2) RM2
SUSPECT	0.050 *** (15.18)	0.030 *** (13.91)

续表

	(1) RM1	(2) RM2
ROA	−0.863 *** (−20.72)	−0.535 *** (−20.57)
SIZE	−0.010 *** (−2.99)	−0.012 *** (−6.08)
MTB	−0.004 *** (−7.24)	−0.002 *** (−5.06)
Intercept	0.188 *** (3.63)	0.201 *** (6.35)
Year fixed effects	Yes	Yes
Industry fixed effects	Yes	Yes
N	22804	22804
Adjusted R − squared	0.130	0.114

注：（1）各变量的定义请参照表 2 - 1。
（2）所有连续变量的值在 1% 和 99% 处采取缩尾（winsorization）处理。
（3）回归中的标准差均聚集在公司上，括号里的数值为相对应的 t 统计量。
（4）*** 、** 和 * 分别表示在 1% 、5% 和 10% 的水平上显著。
（5）因变量为真实活动盈余管理综合变量。

表 2 - 3 第（1）列表明，控制了其他因素后，SUSPECT 变量与真实活动盈余管理综合变量 RM1 显著正相关（0.050，t = 15.18）。表 2 - 3 第（2）列表明，SUSPECT 变量与真实活动盈余管理综合变量 RM2 同样显著正相关（0.030，t = 13.91）。

再来看控制变量的回归系数。从表 2 - 3 中可以看到，各控制变量回归系数的符号在两个回归模型中是非常稳定的，只有显著性上的差异。与罗约夫德里（2006）的研究一致，我们发现上市公司当前运营绩效（ROA）、公司规模（SIZE）、公司账面市值比（MTB）均与上市公司真实活动盈余管理综合变量显著负相关。

总之，表 2 - 3 中的实证结果证实了假说 H1，表明有盈余管理嫌疑的上市公司的真实活动盈余管理水平较高。

2.4.3 对假说 H1 的稳健性检验

我们将对上述实证结果展开一系列稳健性检验，包括使用真实活动盈余管理单独变量作为因变量、控制应计项目盈余管理等。

表 2 -4 给出了因变量为真实活动盈余管理单独变量的回归结果。可以看到，在控制了资产收益率（ROA）、公司规模效应（SIZE）、公司增长机会（MTB）、行业效应和年度效应后，SUS-PECT 变量与真实活动盈余管理单独变量显著正相关。

表 2 -4 嫌疑公司年度观测值与剩余样本的对比（因变量为真实活动盈余管理单独变量）I

	(1) RM_CFO	(2) RM_PROD	(3) RM_DISEXP
SUSPECT	0.012 *** (7.31)	0.031 *** (14.20)	0.018 *** (12.80)
ROA	-0.395 *** (-26.05)	-0.723 *** (-26.32)	-0.140 *** (-7.93)
SIZE	-0.004 *** (-3.28)	-0.001 (-0.69)	-0.009 *** (-5.59)
MTB	-0.000 ** (-2.20)	-0.003 *** (-7.51)	-0.001 *** (-5.40)
Intercept	0.064 *** (3.59)	0.050 (1.56)	0.138 *** (5.79)
Year fixed effects	Yes	Yes	Yes

续表

	(1) RM_CFO	(2) RM_PROD	(3) RM_DISEXP
Industry fixed effects	Yes	Yes	Yes
N	22804	22804	22804
Adjusted R – squared	0.092	0.151	0.051

注：（1）各变量的定义请参照表 2 - 1。

（2）所有连续变量的值在 1% 和 99% 处采取缩尾（winsorization）处理。

（3）回归中的标准差均聚集在公司上，括号里的数值为相对应的 t 统计量。

（4）***、** 和 * 分别表示在 1%、5% 和 10% 的水平上显著。

（5）因变量为真实活动盈余管理单独变量。

　　表 2 - 4 中第（1）列表明，控制了其他因素后，SUSPECT 变量与真实活动盈余管理单独变量 RM _ CFO 显著正相关（0.012，t = 7.31）。表 2 - 4 第（2）列表明，SUSPECT 变量与真实活动盈余管理单独变量 RM _ PROD 同样显著正相关（0.031，t = 14.20）。表 2 - 4 第（3）列表明，SUSPECT 变量与真实活动盈余管理单独变量 RM _ DISEXP 同样显著正相关（0.018，t = 12.80）。

　　再来看控制变量的回归系数。从表 2 - 4 中可以看到，各控制变量回归系数的符号在两个回归模型中是非常稳定的，只有显著性上的差异。与罗约夫德里（2006）的研究一致，我们发现上市公司当前运营绩效（ROA）、公司规模（SIZE）、公司账面市值比（MTB）均与上市公司真实活动盈余管理综合变量显著负相关。

　　由于真实活动盈余管理水平会受到应计项目盈余管理水平的影响（科恩、迪和丽丝，2008；臧，2011），为了减少应计项目盈余管理的影响，我们将样本限制为每年应计项目盈余管理水平后 20% 的公司年度观测值。表 2 - 5 和表 2 - 6 给出了相应的实证结果。

表2-5　嫌疑公司年度观测值与剩余样本的对比（因变量
为真实活动盈余管理综合变量）Ⅱ

	(1) RM1	(2) RM2
SUSPECT	0.084 *** (10.32)	0.037 *** (8.14)
ROA	-0.547 *** (-12.16)	-0.607 *** (-23.71)
SIZE	-0.029 *** (-4.76)	-0.025 *** (-7.63)
MTB	-0.004 *** (-4.29)	-0.003 *** (-5.59)
Intercept	0.303 *** (3.52)	0.219 *** (4.65)
Year fixed effects	Yes	Yes
Industry fixed effects	Yes	Yes
N	4562	4562
Adjusted R - squared	0.142	0.299

注：(1) 各变量的定义请参照表2-1。
(2) 所有连续变量的值在1%和99%处采取缩尾（winsorization）处理。
(3) 回归中的标准差均聚集在公司上，括号里的数值为相对应的t统计量。
(4) ***、**和*分别表示在1%、5%和10%的水平上显著。
(5) 因变量为真实活动盈余管理综合变量。

表2-6　嫌疑公司年度观测值与剩余样本的对比（因变量
为真实活动盈余管理单独变量）Ⅲ

	(1) RM_CFO	(2) RM_PROD	(3) RM_DISEXP
SUSPECT	0.006 ** (2.06)	0.053 *** (9.32)	0.031 *** (8.77)

续表

	(1) RM_CFO	(2) RM_PROD	(3) RM_DISEXP
ROA	− 0. 571 *** (− 41. 66)	− 0. 511 *** (− 16. 84)	− 0. 036 * (− 1. 77)
SIZE	− 0. 005 *** (− 3. 71)	− 0. 010 ** (− 2. 40)	− 0. 020 *** (− 6. 88)
MTB	− 0. 002 *** (− 5. 65)	− 0. 003 *** (− 4. 37)	− 0. 001 *** (− 2. 73)
Intercept	− 0. 026	0. 058	0. 245 ***
	(− 1. 26)	(1. 03)	(6. 06)
Year fixed effects	Yes	Yes	Yes
Industry fixed effects	Yes	Yes	Yes
N	4562	4562	4562
Adjusted R – squared	0. 446	0. 171	0. 070

注：（1）各变量的定义请参照表 2 – 1。
（2）所有连续变量的值在 1% 和 99% 处采取缩尾（winsorization）处理。
（3）回归中的标准差均聚集在公司上，括号里的数值为相对应的 t 统计量。
（4）***、** 和 * 分别表示在 1%、5% 和 10% 的水平上显著。
（5）因变量为真实活动盈余管理单独变量。

表 2 – 5 中的因变量为真实活动盈余管理综合变量，在控制了应计项目盈余管理后，公司年度观测值从 22804 个下降到 4562 个。可以看到，在控制了资产收益率（ROA）、公司规模效应（SIZE）、公司增长机会（MTB）、行业效应和年度效应后，SUSPECT 变量仍然与真实活动盈余管理综合变量显著正相关。

表 2 – 5 第（1）列表明，控制了其他因素后，SUSPECT 变量与真实活动盈余管理综合变量 RM1 显著正相关（0.084，t = 10.32），回归系数从全样本的 0.050 上升到 0.084，这表明在应计项目盈余管理水平较低的上市公司，真实活动盈余管理水平更高，从而证实了科恩、迪和丽丝（2008）及臧（2011）的研

究。表 2 – 5 第（2）列表明，SUSPECT 变量与真实活动盈余管理综合变量 RM2 同样显著正相关（0.037，t = 8.14）。回归系数从全样本的 0.030 上升到 0.037，这再次表明在应计项目盈余管理水平较低的上市公司，真实活动盈余管理水平更高，进而印证了科恩、迪和丽丝（2008）及臧（2011）的研究。

再来看控制变量的回归系数。从表 2 – 5 可以看到，各控制变量回归系数的符号在两个回归模型中是非常稳定的，只有显著性上的差异。与罗约夫德里（2006）一致，我们发现上市公司当前运营绩效（ROA）、公司规模（SIZE）、公司账面市值比（MTB）均与上市公司真实活动盈余管理综合变量显著负相关。

总之，表 2 – 5 的实证结果再次证实了假说 H1，表明有盈余管理嫌疑的上市公司的真实活动盈余管理水平较高。

表 2 – 6 中的因变量为真实活动盈余管理单独变量，在控制了应计项目盈余管理后，公司年度观测值从 22804 个下降到 4562 个。可以看到，在控制了资产收益率（ROA）、公司规模效应（SIZE）、公司增长机会（MTB）、行业效应和年度效应后，SUSPECT 变量仍然与真实活动盈余管理单独变量显著正相关。

表 2 – 6 第（1）列表明，控制了其他因素后，SUSPECT 变量与真实活动盈余管理单独变量 RM_CFO 显著正相关（0.006，t = 2.06），这表明，应计项目盈余管理水平较低的上市公司，具有盈余管理嫌疑的上市公司的真实活动盈余管理水平较高，从而证实了假说 H1。表 2 – 6 第（2）列表明，SUSPECT 变量与真实活动盈余管理单独变量 RM_PROD 同样显著正相关（0.053，t = 9.32），这表明在应计项目盈余管理水平较低的上市公司，具有盈余管理嫌疑的上市公司的真实活动盈余管理水平较高，从而证实了假说 H1。表 2 – 6 第（3）列表明，SUSPECT 变量与真实活动盈余管理单独变量 RM_DISEXP 同样显著正相关（0.031，

t = 8.77），这表明，应计项目盈余管理水平较低的上市公司，具有盈余管理嫌疑的上市公司的真实活动盈余管理水平较高，从而证实了假说 H1。

再来看控制变量的回归系数。从表 2 - 6 中可以看到，各控制变量回归系数的符号在两个回归模型中是非常稳定的，只有显著性上的差异。与罗约夫德里（2006）一致，我们发现上市公司当前运营绩效（ROA）、公司规模（SIZE）、公司账面市值比（MTB）均与上市公司真实活动盈余管理综合变量显著负相关。

总之，表 2 - 6 的实证结果再次证实了假说 H1，表明有盈余管理嫌疑的上市公司的真实活动盈余管理水平较高。

2.4.4　对假说 H2 的检验

表 2 - 7 给出了对式（2 - 8）的回归结果。我们在所有的回归中均控制了行业效应和年度效应。为了减少异方差的影响，回归中的标准差均聚集在公司层面上。表 2 - 7 给出了因变量为真实活动盈余管理综合变量的回归结果。

表 2 - 7　　　　真实活动盈余管理的决定因素研究 I

	(1) RM1	(2) RM2
ROA	- 0.595 *** (- 15.87)	- 0.411 *** (- 16.60)
SIZE	0.005 (1.31)	- 0.004 * (- 1.95)

续表

	(1) RM1	(2) RM2
MTB	−0. 006 *** (−10. 74)	−0. 003 *** (−7. 68)
LEV	0. 136 *** (11. 59)	0. 061 *** (8. 33)
STATE	0. 003 (0. 54)	0. 002 (0. 58)
ANALYST	−0. 033 *** (−12. 83)	−0. 017 *** (−10. 44)
INS	−0. 070 ** (−2. 51)	−0. 036 ** (−2. 21)
Intercept	−0. 060 (−1. 14)	0. 073 ** (2. 16)
Year fixed effects	Yes	Yes
Industry fixed effects	Yes	Yes
N	22804	22804
Adjusted R – squared	0. 168	0. 131

注：（1）各变量的定义请参照表 2 - 1。

（2）所有连续变量的值在 1% 和 99% 处采取缩尾（winsorization）处理。

（3）回归中的标准差均聚集在公司上，括号里的数值为相对应的 t 统计量。

（4）*** 、** 和 * 分别表示在 1% 、5% 和 10% 的水平上显著。

（5）因变量为真实活动盈余管理综合变量。

先来看公司特征变量的回归结果。

第一，上市公司资产收益率（ROA）与真实活动盈余管理综合变量显著负相关，在 1% 的水平上显著不为零。表 2 - 7 第（1）列表明，控制了其他因素后，ROA 与真实活动盈余管理综合变量 RM1 显著负相关（−0. 595，t = −15. 87）。表 2 - 7 第（2）列表明，控制了其他因素后，ROA 与真实活动盈余管理综合变量 RM2 同样显著负相关（−0. 411，t = −16. 60）。这表明上市公司的运营绩效能降低其真实活动盈余管理水平。这与罗约夫德里（2006）的研究结论是一致的。

第二，上市公司成长机会（MTB）与真实活动盈余管理综合变量显著负相关，在1%的水平上显著不为零。表2-7第（1）列表明，控制了其他因素后，MTB与真实活动盈余管理综合变量 RM1 显著负相关（-0.006，t=-10.74）。表2-7第（2）列表明，控制了其他因素后，MTB与真实活动盈余管理综合变量 RM2 同样显著负相关（-0.003，t=-7.68）。这表明上市公司的成长机会能降低其真实活动盈余管理水平。这与罗约夫德里（2006）的研究结论是一致的。

第三，上市公司杠杆比率（LEV）与真实活动盈余管理综合变量显著正相关，在1%的水平上显著不为零。表2-7第（1）列表明，控制了其他因素后，LEV与真实活动盈余管理综合变量 RM1 显著正相关（0.136，t=11.59）。表2-7第（2）列表明，控制了其他因素后，LEV与真实活动盈余管理综合变量 RM2 同样显著正相关（0.061，t=8.33）。这表明上市公司的财务风险提高了真实活动盈余管理水平。这与罗约夫德里（2006）的研究结论是一致的。

再来看外部监管变量的回归结果。

第一，分析师覆盖人数（ANALYST）与真实活动盈余管理综合变量显著负相关，在1%的水平上显著不为零。表2-7第（1）列表明，控制了其他因素后，ANALYST与真实活动盈余管理综合变量 RM1 显著负相关（-0.033，t=-12.83）。表2-7第（2）列表明，控制了其他因素后，ANALYST与真实活动盈余管理综合变量 RM2 同样显著负相关（-0.017，t=-10.44）。这表明分析师覆盖人数能降低上市公司的真实活动盈余管理水平。

第二，机构投资者持股比例（INS）与真实活动盈余管理综合变量显著负相关，在5%的水平上显著不为零。表2－7第（1）列表明，控制了其他因素后，INS与真实活动盈余管理综合变量RM1显著负相关（－0.070，t＝－2.51）。表2－7第（2）列表明，控制了其他因素后，INS与真实活动盈余管理综合变量RM2同样显著负相关（－0.036，t＝－2.21）。这表明机构投资者持股比例能降低上市公司的真实活动盈余管理水平。这与罗约夫德里（2006）的研究结论是一致的。

2.4.5 对假说 H2 的稳健性检验

我们将对上述实证结果展开一系列稳健性检验，包括使用真实活动盈余管理单独变量作为因变量、控制应计项目盈余管理等。

表2－8给出了因变量为真实活动盈余管理单独变量的回归结果。先来看公司特征变量的回归结果。

第一，上市公司资产收益率（ROA）与真实活动盈余管理单独变量显著负相关，在1%的水平上显著不为零。表2－8第（1）列表明，控制了其他因素后，ROA与真实活动盈余管理单独变量RM_CFO显著负相关（－0.343，t＝－21.82）。表2－8第（2）列表明，控制了其他因素后，ROA与真实活动盈余管理单独变量RM_PROD同样显著负相关（－0.527，t＝－20.80）。这表明上市公司的运营绩效能降低其真实活动盈余管理水平。表2－8第（3）列表明，控制了其他因素后，ROA与真实活动盈余管理单独变量RM_DISEXP同样显著负相关（－0.068，t＝－4.13）。这表明上市公司的运营绩效能降低其真实活动盈余管理水平。这与罗约夫德里（2006）的研究结论是一致的。

表 2 - 8　　　　　真实活动盈余管理的决定因素研究 II

	(1) RM_CFO	(2) RM_PROD	(3) RM_DISEXP
ROA	- 0. 343 *** (- 21. 82)	- 0. 527 *** (- 20. 80)	- 0. 068 *** (- 4. 13)
SIZE	- 0. 002 * (- 1. 88)	0. 007 *** (3. 03)	- 0. 002 (- 1. 18)
MTB	- 0. 001 *** (- 4. 14)	- 0. 004 *** (- 11. 69)	- 0. 002 *** (- 7. 15)
LEV	0. 036 *** (8. 17)	0. 110 *** (15. 11)	0. 026 *** (4. 78)
STATE	- 0. 002 (- 0. 98)	- 0. 001 (- 0. 23)	0. 004 (1. 49)
ANALYST	- 0. 004 *** (- 4. 86)	- 0. 020 *** (- 12. 99)	- 0. 013 *** (- 10. 72)
INS	- 0. 006 ** (- 2. 39)	- 0. 039 ** (- 2. 49)	- 0. 030 ** (- 2. 17)
Intercept	0. 036 * (1. 85)	- 0. 097 *** (- 2. 95)	0. 037 (1. 48)
Year fixed effects	Yes	Yes	Yes
Industry fixed effects	Yes	Yes	Yes
N	22804	22804	22804
Adjusted R - squared	0. 097	0. 189	0. 074

注：（1）各变量的定义请参照表 2 - 1。
（2）所有连续变量的值在 1% 和 99% 处采取缩尾（winsorization）处理。
（3）回归中的标准差均聚集在公司上，括号里的数值为相对应的 t 统计量。
（4）***、** 和 * 分别表示在 1%、5% 和 10% 的水平上显著。
（5）因变量为真实活动盈余管理单独变量。

第二，上市公司市值账面比（MTB）与真实活动盈余管理

单独变量显著负相关，在1%的水平上显著不为零。表2-8第
（1）列表明，控制了其他因素后，MTB与真实活动盈余管理单
独变量 RM_CFO 显著负相关（-0.001，t = -4.14）。表2-8
第（2）列表明，控制了其他因素后，MTB与真实活动盈余管理
单独变量 RM_PROD 同样显著负相关（-0.004，t = -11.69）。
这表明上市公司的成长机会能降低其真实活动盈余管理水平。
表2-8第（3）列表明，控制了其他因素后，MTB与真实活动
盈余管理单独变量 RM_DISEXP 同样显著负相关（-0.002，t =
-7.15）。这表明上市公司的成长机会能降低其真实活动盈余管
理水平。这与罗约夫德里（2006）的研究结论是一致的。

第三，上市公司杠杆比率（LEV）与真实活动盈余管理单
独变量显著正相关，在1%的水平上显著不为零。表2-8第
（1）列表明，控制了其他因素后，LEV与真实活动盈余管理单
独变量 RM_CFO 显著正相关（0.036，t = 8.17）。表2-8第
（2）列表明，控制了其他因素后，LEV与真实活动盈余管理单
独变量 RM_PROD 同样显著正相关（0.110，t = 15.11）。这表明
上市公司的财务风险增加了真实活动盈余管理水平。表2-8第
（3）列表明，控制了其他因素后，LEV与真实活动盈余管理
单独变量 RM_DISEXP 同样显著正相关（0.026，t = 4.78）。这表
明上市公司的财务风险增加了真实活动盈余管理水平。这与罗
约夫德里（2006）的研究结论是一致的。

再来看外部监管变量的回归结果。

第一，分析师覆盖人数（ANALYST）与真实活动盈余管理
单独变量显著负相关，在1%的水平上显著不为零。表2-8第
（1）列表明，控制了其他因素后，ANALYST与真实活动盈余管
理单独变量 RM_CFO 显著负相关（-0.004，t = -4.86）。表
2-8第（2）列表明，控制了其他因素后，ANALYST与真实活

动盈余管理单独变量 RM_PROD 同样显著负相关（−0.020，t ＝ −12.99）。这表明上市公司的外部监管降低了真实活动盈余管理水平。表 2−8 第（3）列表明，控制了其他因素后，ANALYST 与真实活动盈余管理单独变量 RM_DISEXP 同样显著负相关（−0.013，t ＝ −10.72）。这表明上市公司的外部监管降低了真实活动盈余管理水平。

第二，机构投资者持股比例（INS）与真实活动盈余管理单独变量负相关。表 2−8 第（1）列表明，控制了其他因素后，INS 与真实活动盈余管理单独变量 RM_CFO 显著负相关（−0.006，t ＝ −2.39）。表 2−8 第（2）列表明，控制了其他因素后，INS 与真实活动盈余管理单独变量 RM_PROD 同样显著负相关（−0.039，t ＝ −2.49）。这表明上市公司的外部监管降低了真实活动盈余管理水平。表 2−8 第（3）列表明，控制了其他因素后，INS 与真实活动盈余管理单独变量 RM_DISEXP 同样显著负相关（−0.030，t ＝ −2.17）。这表明上市公司的外部监管降低了真实活动盈余管理水平。

由于真实活动盈余管理水平会受到应计项目盈余管理水平的影响（科恩、迪和丽丝，2008；臧，2011），为了减少应计项目盈余管理的影响，我们将样本限制为每年应计项目盈余管理水平后 20% 的公司年度观测值。表 2−9 和表 2−10 给出了相应的实证结果。

表 2−9　　　　真实活动盈余管理的决定因素研究 III

	(1) RM1	(2) RM2
ROA	−0.303 *** (−7.53)	−0.512 *** (−21.40)

	(1) RM1	(2) RM2
SIZE	−0.002 (−0.35)	−0.012*** (−3.33)
MTB	−0.005*** (−6.36)	−0.003*** (−6.53)
LEV	0.146*** (7.66)	0.032*** (2.98)
STATE	0.011 (1.26)	0.015*** (3.33)
ANALYST	−0.054*** (−11.01)	−0.026*** (−9.20)
INS	−0.029 (−0.79)	0.006 (0.26)
Intercept	−0.105 (−1.21)	0.033 (0.66)
Year fixed effects	Yes	Yes
Industry fixed effects	Yes	Yes
N	4562	4562
Adjusted R − squared	0.195	0.325

注：（1）各变量的定义请参照表2-1。

（2）所有连续变量的值在1%和99%处采取缩尾（winsorization）处理。

（3）回归中的标准差均聚集在公司上，括号里的数值为相对应的t统计量。

（4）***、**和*分别表示在1%、5%和10%的水平上显著。

（5）因变量为真实活动盈余管理综合变量。

表2-9中的因变量为真实活动盈余管理综合变量，在控制了应计项目盈余管理后，公司年度观测值从22804个下降到4562个。

先来看公司特征变量的回归结果。

第一，上市公司资产收益率（ROA）与真实活动盈余管理

综合变量显著负相关，在 1% 的水平上显著不为零。表 2 - 9 第
（1）列表明，控制了其他因素后，ROA 与真实活动盈余管理综
合变量 RM1 显著负相关（ - 0.303，t = - 7.53）。表 2 - 9 第
（2）列表明，控制了其他因素后，ROA 与真实活动盈余管理综
合变量 RM2 同样显著负相关（ - 0.512，t = - 21.40）。这表明
上市公司的运营绩效能降低其真实活动盈余管理水平。这与罗
约夫德里（2006）的研究结论是一致的。

第二，上市公司成长机会（MTB）与真实活动盈余管理综
合变量显著负相关，在 1% 的水平上显著不为零。表 2 - 9 第
（1）列表明，控制了其他因素后，MTB 与真实活动盈余管理综
合变量 RM1 显著负相关（ - 0.005，t = - 6.36）。表 2 - 9 第
（2）列表明，控制了其他因素后，MTB 与真实活动盈余管理综
合变量 RM2 同样显著负相关（ - 0.003，t = - 6.53）。这表明上
市公司的成长机会能降低其真实活动盈余管理水平。这与罗约
夫德里（2006）的研究结论是一致的。

第三，上市公司杠杆比率（LEV）与真实活动盈余管理综
合变量显著正相关，在 1% 的水平上显著不为零。表 2 - 9 第
（1）列表明，控制了其他因素后，LEV 与真实活动盈余管理综
合变量 RM1 显著正相关（0.146，t = 7.66）。表 2 - 9 第（2）
列表明，控制了其他因素后，LEV 与真实活动盈余管理综合变
量 RM2 同样显著正相关（0.032，t = 2.98）。这表明上市公司的
财务风险提高了真实活动盈余管理水平。这与罗约夫德里
（2006）的研究结论是一致的。

再来看外部监管变量的回归结果。分析师覆盖人数（ANA-
LYST）与真实活动盈余管理综合变量显著负相关，在 1% 的水
平上显著不为零。表 2 - 9 第（1）列表明，控制了其他因素后，
ANALYST 与真实活动盈余管理综合变量 RM1 显著负相关

（ - 0. 054，t = - 11. 01）。表 2 - 9 第（2）列表明，控制了其他因素后，ANALYST 与真实活动盈余管理综合变量 RM2 同样显著负相关（ - 0. 026，t = - 9. 20）。这表明分析师覆盖人数能降低上市公司的真实活动盈余管理水平。

表 2 - 10 给出了因变量为真实活动盈余管理单独变量的回归结果。先来看公司特征变量的回归结果。

第一，上市公司资产收益率（ROA）与真实活动盈余管理单独变量显著负相关。表 2 - 10 第（1）列表明，控制了其他因素后，ROA 与真实活动盈余管理单独变量 RM_CFO 显著负相关（ - 0. 551，t = - 37. 00）。表 2 - 10 第（2）列表明，控制了其他因素后，ROA 与真实活动盈余管理单独变量 RM_PROD 同样显著负相关（ - 0. 342，t = - 12. 31）。这表明上市公司的运营绩效能降低其真实活动盈余管理水平。表 2 - 10 第（3）列表明，控制了其他因素后，ROA 与真实活动盈余管理单独变量 RM_DISEXP 同样显著负相关（ - 0. 038，t = - 1. 99）。这表明上市公司的运营绩效能降低其真实活动盈余管理水平。这与罗约夫德里（2006）的研究结论是一致的。

表 2 - 10　　　　真实活动盈余管理的决定因素研究 IV

	（1） RM_CFO	（2） RM_PROD	（3） RM_DISEXP
ROA	- 0. 551 *** (- 37. 00)	- 0. 342 *** (- 12. 31)	- 0. 038 ** (- 1. 99)
SIZE	- 0. 005 *** (- 2. 92)	0. 005 (1. 12)	- 0. 007 ** (- 2. 37)
MTB	- 0. 002 *** (- 5. 82)	- 0. 004 *** (- 6. 64)	- 0. 001 *** (- 3. 78)
LEV	0. 014 ** (2. 28)	0. 127 *** (9. 89)	0. 019 ** (2. 20)

续表

	(1) RM_CFO	(2) RM_PROD	(3) RM_DISEXP
STATE	0.005 ** (2.32)	0.000 (0.08)	0.010 *** (2.64)
ANALYST	−0.003 ** (−2.25)	−0.031 *** (−9.87)	−0.023 *** (−9.99)
INS	0.014 (1.31)	−0.021 (−0.93)	−0.008 (−0.42)
Intercept	−0.038 (−1.62)	−0.176 *** (−2.99)	0.072 * (1.73)
Year fixed effects	Yes	Yes	Yes
Industry fixed effects	Yes	Yes	Yes
N	4562	4562	4562
Adjusted R – squared	0.448	0.216	0.113

注：（1）各变量的定义请参照表 2-1。
（2）所有连续变量的值在 1% 和 99% 处采取缩尾（winsorization）处理。
（3）回归中的标准差均聚集在公司上，括号里的数值为相对应的 t 统计量。
（4） *** 、** 和 * 分别表示在 1%、5% 和 10% 的水平上显著。
（5）因变量为真实活动盈余管理单独变量。

第二，上市公司市值账面比（MTB）与真实活动盈余管理单独变量显著负相关，在 1% 的水平上显著不为零。表 2-10 第（1）列表明，控制了其他因素后，MTB 与真实活动盈余管理单独变量 RM_CFO 显著负相关（−0.002，t=−5.82）。表 2-10 第（2）列表明，控制了其他因素后，MTB 与真实活动盈余管理单独变量 RM_PROD 同样显著负相关（−0.004，t=−6.64）。这表明上市公司的成长机会能降低其真实活动盈余管理水平。表 2-10 第（3）列表明，控制了其他因素后，MTB 与真实活动盈余管理单独变量 RM_DISEXP 同样显著负相关（−0.001，t=−3.78）。这表明上市公司的成长机会能降低其真实活动盈余管理水平。这与罗约夫德里（2006）的研究结论是一致的。

第三，上市公司杠杆比率（LEV）与真实活动盈余管理单独变量显著正相关，在 5% 的水平上显著不为零。表 2 - 10 第（1）列表明控制了其他因素后，LEV 与真实活动盈余管理单独变量 RM_CFO 显著正相关（0.014，t = 2.28）。表 2 - 10 第（2）列表明，控制了其他因素后，LEV 与真实活动盈余管理单独变量 RM_PROD 同样显著正相关（0.127，t = 9.89）。这表明上市公司的财务风险增加了真实活动盈余管理水平。表 2 - 10 第（3）列表明，控制了其他因素后，LEV 与真实活动盈余管理单独变量 RM_DISEXP 同样显著正相关（0.019，t = 2.20）。这表明上市公司的财务风险增加了真实活动盈余管理水平。这与罗约夫德里（2006）的研究结论是一致的。

再来看外部监管变量的回归结果。分析师覆盖人数（AN-ALYST）与真实活动盈余管理单独变量显著负相关，在 1% 的水平上显著不为零。表 2 - 10 第（1）列表明，控制了其他因素后，ANALYST 与真实活动盈余管理单独变量 RM_CFO 显著负相关（- 0.003，t = - 2.25）。表 2 - 10 第（2）列表明，控制了其他因素后，ANALYST 与真实活动盈余管理单独变量 RM_PROD 同样显著负相关（- 0.031，t = - 9.87）。这表明上市公司的外部监管降低了真实活动盈余管理水平。表 2 - 10 第（3）列表明，控制了其他因素后，ANALYST 与真实活动盈余管理单独变量 RM_DISEXP 同样显著负相关（- 0.023，t = - 9.99）。这表明上市公司的外部监管降低了真实活动盈余管理水平。

2.5　结　论

本章探讨真实活动盈余操控的动机。以 1998~2016 年中国沪深 A 股上市公司为样本，我们发现盈余管理嫌疑公司（资产收益率大于等于 0 且小于等于 1% 的年度观测值）有更强的动力通过真实活动向上管理盈余。考虑到应计项目盈余管理可能会影响本章的结论，我们在控制了应计项目盈余操控后，上述结论仍然成立。

本章还发现公司特征和外部监管也会影响上市公司的真实活动盈余管理水平。具体来说：第一，上市公司资产收益率（ROA）与真实活动盈余管理综合变量显著负相关，这表明上市公司的运营绩效能降低其真实活动盈余管理水平。第二，上市公司成长机会（MTB）与真实活动盈余管理综合变量显著负相关，表明上市公司的成长机会能降低其真实活动盈余管理水平。第三，上市公司杠杆比率（LEV）与真实活动盈余管理综合变量显著正相关，这表明上市公司的财务风险提高了真实活动盈余管理水平。

再来看外部监管变量的回归结果。第一，分析师覆盖人数（ANALYST）与真实活动盈余管理综合变量显著负相关。这表明分析师覆盖人数能降低上市公司的真实活动盈余管理水平。第二，机构投资者持股比例（INS）与真实活动盈余管理综合变量显著负相关。这表明机构投资者持股比例能降低上市公司的真实活动盈余管理水平。

显然，本章的实证证据能为公司管理层、监管当局提供决策依据。本章的实证证据建议监管当局在关注上市公司盈余报告质量的时候要同时关注应计盈余管理和真实活动盈余管理。目前各国监管当局对应计盈余管理的监管都是比较严厉的，特别是安然等公司财务造假事件曝光后。科恩、迪和丽丝（2008）的研究表明，在2002年《萨班斯—奥克斯利法案》通过之后，美国资本市场应计盈余管理显著下降，但与此同时，真实活动盈余管理显著上升，因为真实活动盈余管理更难被监管当局发现。本章的实证结果表明有盈余嫌疑的上市公司的真实活动盈余管理较高。

同其他的真实活动盈余管理研究文献一样，本章所报告的实证结果依赖于对真实活动盈余管理变量以及应计盈余管理变量的测量误差，因此，在解释的时候需要特别小心。无论是可操控经营现金净流量（R_CFO）、可操控产品成本（R_PROD）还是可操控酌量性费用（R_DISEXP）的测量均有可能包含较大的测量误差。一个可能的解决办法是找到更合适的模型来测度上述变量，这也正是我们后续研究的方向。

第 3 章

真实活动盈余操控与运营绩效

本章探讨真实活动盈余管理与上市公司未来运营绩效之间的关系。以 1998~2016 年中国沪深 A 股上市公司为样本,我们发现真实活动盈余管理与上市公司未来资产收益率以及现金流均呈显著负相关关系。研究同时发现,盈余管理嫌疑公司的真实活动盈余管理行为不能改进未来运营绩效。研究还发现,与应计盈余管理相比,真实活动盈余管理对上市公司未来现金流的负面影响更大,这表明真实活动盈余管理的经济成本高于应计盈余管理。

3.1 引　言

本章探讨真实活动盈余管理与上市公司未来运营绩效之间的关系,我们的研究有两个相互关联的目标。第一个目标是在控制其他因素的条件下,检验真实活动盈余管理对上市公司未来运营绩效的影响。

关于真实活动盈余管理对上市公司未来运营绩效的影响,

存在两种截然不同的观点。第一种观点认为，真实活动盈余管理与上市公司未来运营绩效负相关。罗约夫德里（2006）将真实活动盈余管理定义为"管理层为了实现特定的盈余门槛而采用的偏离商业惯例的行为"，即真实活动盈余管理偏离了最大化公司价值的最优路径，因此，真实活动盈余管理会给上市公司带来真实的经济成本并减少其价值（埃沃特和瓦根霍费尔，2005），这意味着真实活动盈余管理与上市公司未来运营绩效负相关。第二种观点却认为，真实活动盈余管理与上市公司未来运营绩效正相关。例如，通过真实活动盈余管理达到特定的盈余门槛可以避免债务契约违约（巴托夫，1993）。特里曼和蒂特曼（1988）的研究表明，管理层通过真实活动盈余管理平滑盈余可以降低负债成本。

真实活动盈余管理与公司未来运营绩效的实证证据较少，且存在较大分歧。莱格特、帕森斯和赖滕加（2009）的研究表明，真实活动盈余管理与公司未来运营绩效负相关；泰勒和徐（2010）的研究表明，真实活动盈余管理对公司未来运营绩效的负面作用不显著；伽尼（2010）的研究则表明，盈余管理嫌疑公司（即微盈和微增公司）使用真实活动盈余管理可以提高公司未来运营绩效。正是因为上述关系尚无定论，本章将使用中国沪深 A 股上市公司为样本来检验真实活动盈余管理对上市公司未来运营绩效的影响。

第二个目标是比较真实活动盈余管理和应计盈余管理的经济成本。大量文献证实应计盈余管理是有成本的，应计盈余管理从未来借来盈余以夸大当期盈余，这会导致应计项目的反转（艾伦、拉森和斯隆，2013）和未来运营绩效的下降（蒂欧、韦尔奇和黄，1998；蒂欧、韦尔奇和黄，1998）。与应计盈余管理相比，真实活动盈余管理通过改变公司内在经济活动来实现，因此，会同时改变公司的应计项目和现金流，如果通过改变当期现金流夸大当期盈余可以改进公司未来的运营绩效，那么真实活动盈余管理的经济成本将低于应计盈余管理，反之将高于应计盈余管理。虽然已有实证文献证实了真实活动盈余管理的经济成本，但并没有与应计项目盈余管理做比较。据我们所知，有比较真实活动盈余管理和应计盈余管理经济成本的实证文献只有科恩和查诺文（2010），但他们的研究样本仅限于有增发股票（SEO）的上市公司。

我们使用中国沪深 A 股上市公司 1998～2016 年的数据检验了真实活动盈余管理与上市公司未来运营绩效之间的关系。控制了其他因素后，我们发现真实活动盈余管理与上市公司未来资产收益率以及现金流均呈显著负相关关系。研究同时发现，盈余管理嫌疑公司（即微盈和微增公司）的真实活动盈余管理行为不能改进未来运营绩效。研究还发现，与应计盈余管理相比，真实活动盈余管理对上市公司未来现金流的负面影响更大，这表明真实活动盈余管理的经济成本高于应计盈余管理。

我们在以下三个方面对真实活动盈余管理文献做了拓展。第一，与伽尼（2010）与莱格特、帕森斯和赖滕加（2009）只考察真实活动盈余管理对上市公司未来运营绩效的影响不同，我们将结合应计盈余管理来考察真实活动盈余管理对上市公司未来运营绩效的影响。第二，我们既检验全样本公司同时也检验盈余管理嫌疑公司真实活动盈余管理对上市公司未来运营绩效的影响，这有助于更全面地理解真实活动盈余管理与上市公司未来运营绩效之间的关系。第三，使用中国上市公司作为样本将为真实活动盈余管理研究提供新的实证证据。

本章以下部分的内容结构是：第 3.2 节为相关文献回顾和

研究假说；第 3.3 节为研究设计；第 3.4 节为实证结果；第 3.5
节为结论。

3.2　相关文献回顾和研究假说

3.2.1　真实活动盈余管理与上市公司未来运营绩效

关于真实活动盈余管理对上市公司未来运营绩效的影响，
存在两种截然不同的观点。第一种观点认为，真实活动盈余管
理与上市公司未来运营绩效负相关。罗约夫德里（2006）将真
实活动盈余管理定义为"管理层为了实现特定的盈余门槛而采
用的偏离商业惯例的行为"，即真实活动盈余管理偏离了最大化
公司价值的最优路径，因此，真实活动盈余管理会给上市公司
带来真实的经济成本并减少其价值（埃沃特和瓦根霍费尔，
2005），这意味着真实活动盈余管理与上市公司未来运营绩效负
相关。真实活动盈余管理使管理层有机会获取租金（伽尼，
2010），例如，管理层使用真实活动达到盈余门槛以提高股价、
职位安全性和奖金（松永和帕克，2001）。

第二种观点却认为，真实活动盈余管理与上市公司未来
运营绩效正相关。首先，实施真实活动以达到特定盈余门槛
可以为上市公司未来表现更好提供方便。例如，巴托夫
（1993）的研究表明，出售固定资产达到特定的盈余门槛可
以避免债务契约违约。特里曼和蒂特曼（1988）的研究表

明，管理层通过真实活动盈余管理平滑盈余可以降低负债成本。巴托夫、吉沃利和海恩（2002）认为，盈余达到预期会给上市公司带来诸多好处，例如最大化公司股价、增加管理层的可信度以及避免诉讼。其次，管理层可能会使用真实活动以达到特定盈余门槛为管理层的竞争力和上市公司未来的运营绩效发出信号（巴托夫、吉沃利和海恩2002）。布格斯塔勒和迪切夫（1997）的研究表明，达到特定盈余门槛可以提高公司的可信度和声誉，改善与债权人、供应商以及消费者等利益相关者之间的关系。

根据以上分析，真实活动盈余管理与公司未来运营绩效之间的关系一共有三种可能性。第一，真实活动盈余管理减少了企业的价值，此时真实活动盈余管理与公司未来运营绩效负相关。第二，真实活动盈余管理增加了企业的价值，此时真实活动盈余管理与公司未来运营绩效正相关。第三，如果减少和增加企业价值的作用均不显著，或者二者虽然同时存在但却相互抵消，此时真实活动盈余管理与公司未来运营绩效不相关。根据以上分析，我们提出本章第一个假说。

假说1：真实活动盈余管理与上市公司未来运营绩效不相关。

伽尼（2010）强调盈余管理嫌疑公司（即微盈和微增公司）使用真实活动盈余管理可以提高公司未来运营绩效，因此，我们提出第二个假说。

假说2：盈余管理嫌疑公司的真实活动盈余管理行为能改进上市公司未来运营绩效。

3.2.2 真实活动盈余管理和应计盈余管理经济成本的比较

大量文献证实，应计盈余管理是有成本的，应计盈余管理从未来借来盈余以夸大当期盈余，这会导致应计项目的反转（艾伦、拉森和斯隆，2013）和未来运营绩效的下降（蒂欧、韦尔奇和黄，1998；蒂欧、韦尔奇和黄，1998）。

金和索恩（2013）认为，真实活动盈余管理的经济成本高于应计盈余管理。理由如下：第一，应计盈余管理一般只改变应计项目在不同会计期间的分布，而真实活动盈余管理会同时改变应计项目和现金流在不同会计期间的分布，这会增加盈余的噪声进而削弱公司未来的运营绩效；第二，与应计盈余管理相比，真实活动盈余管理更难被投资者理解，更难被董事会、审计人员、监管者和外部的利益相关者监管（罗约夫德里，2006），这可能会诱使公司管理层采取更多的机会主义行为从而削弱公司未来的运营绩效。根据以上分析，我们提出本章第三个假说。

假说3：真实活动盈余管理的经济成本高于应计盈余管理。

3.3 研究设计

3.3.1 样本和数据来源

本章需要用到中国沪深 A 股上市公司会计年度财务数据和

股票收益率数据，它们均来源于国泰安信息技术公司的中国股票市场研究数据库（CSMAR）。本章样本的时间区间为 1998 ~ 2016 年，这是因为从 1998 年开始中国 A 股上市公司才被要求提交现金流量表，而现金流量表是测算应计盈余管理和真实活动盈余管理必不可少的。只有回归方程所有变量均没有缺失的公司年度（firm – year）观测值才会被包括在我们的样本中。在选择样本时，由于金融公司财务报表的特殊性，我们还剔除了金融行业（银行、保险公司和资产公司等）的股票。

3.3.2 回归方程

（1）对假说 1 的检验。

为了检验假说 1，我们使用的回归方程如下：

$$\text{ROA}_{t+k|t} = \alpha_{0k} + \alpha_{1k}\text{RM}_t + \alpha_{2k}\text{ROA}_t + \alpha_{3k}\text{SIZE}_t + \alpha_{4k}\text{MTB}_t$$
$$+ \alpha_{5k}\text{RET}_t + \alpha_{6k}\text{LEV}_t + \varepsilon_{t+k} \quad (k = 1,2,3)$$

$$\text{或 CFOA}_{t+k|t} = \alpha_{0k} + \alpha_{1k}\text{RM}_t + \alpha_{2k}\text{CFOA}_t + \alpha_{3k}\text{SIZE}_t + \alpha_{4k}\text{MTB}_t$$
$$+ \alpha_{5k}\text{RET}_t + \alpha_{6k}\text{LEV}_t + \varepsilon_{t+k} \quad (k = 1,2,3)$$

$$(3-1)$$

其中，t 为年度。$\text{ROA}_{t+k|t}$、$\text{CFOA}_{t+k|t}$ 为 k 年后的运营绩效。其中，ROA 为资产收益率，CFOA 为经营现金净流量与总资产的比率。RM 为真实活动盈余管理变量。控制变量如下：ROA_t 或 CFOA_t 为公司 t 年的资产收益率或经营现金净流量与总资产的比率，用来控制公司运营绩效的时间序列性质；SIZE 为上市公司市值，用来控制公司规模效应；MTB 为市值账面比，用来控制上市公司的增长机会；RET 为公司年度收益率，用来控制股票表现对

公司未来收益的影响（科塔里和斯隆，1992）；LEV 为公司总体
负债水平，用来控制公司的财务风险。如果 α_{1k} 显著为正（负），
那么真实活动盈余管理与未来运营绩效显著正（负）相关；如果
α_{1k} 不显著，那么真实活动盈余管理与未来运营绩效不相关。

为了控制运营绩效的反转，我们使用巴伯和里昂（1996）
倡导的匹配法对因变量进行调整。具体来说，在 t 年，对于任意
公司，我们选择同行业市值规模相近（相同的十分位组别）且
运营绩效最接近的公司作为匹配公司，因变量调整为公司的运
营绩效变量减去匹配公司的运营绩效。回归方程相应地变为：

$$MROA_{t+k|t} = \alpha_{0k} + \alpha_{1k}RM_t + \alpha_{2k}ROA_t + \alpha_{3k}SIZE_t + \alpha_{4k}MTB_t$$
$$+ \alpha_{5k}RET_t + \alpha_{6k}LEV_t + \varepsilon_{t+k} \quad (k=1,2,3)$$

或

$$MCFOA_{t+k|t} = \alpha_{0k} + \alpha_{1k}RM_t + \alpha_{2k}CFOA_t + \alpha_{3k}SIZE_t + \alpha_{4k}MTB_t$$
$$+ \alpha_{5k}RET_t + \alpha_{6k}LEV_t + \varepsilon_{t+k} \quad (k=1,2,3)$$

$$(3-2)$$

其中，$MROA_{t+k|t}$、$MCFOA_{t+k|t}$ 为 k 年后的以通过匹配法调整的
运营绩效，其中，MROA 为匹配后的资产收益率，MCFOA 为匹
配后经营现金净流量与总资产的比率。其余各变量的定义与式
（3-1）一致。同样，如果 α_{1k} 显著为正（负），那么真实活动盈
余管理与未来运营绩效显著正（负）相关；如果 α_{1k} 不显著，那
么真实活动盈余管理与未来运营绩效不相关。

（2）对假说 2 的检验。

伽尼（2010）强调盈余管理嫌疑公司（即微盈和微增公司）
的真实活动盈余管理行为能改进未来运营绩效。为了与之直接
对比，我们先检验嫌疑公司的真实活动盈余管理是否更突出，
具体回归方程如下：

$$RM_t = \alpha_0 + \alpha_1 BENCH_t + \alpha_2 SIZE_t + \alpha_3 MTB_t + \alpha_4 ROA_t + \varepsilon_t$$

$$(3-3)$$

其中，BENCH 为盈余管理嫌疑哑变量，如果公司当年微盈或微增，则定义 BENCH 等于1，否则等于0。其中，微盈指 t 年净利润与总资产的比率在 $0 \sim 0.01$，微增指从 $t-1$ 年到 t 年净利润的增加额与总资产的比率在 $0 \sim 0.01$。如果嫌疑公司的真实活动盈余管理更突出，回归系数 α_1 应显著为正。

接下来，我们要检验盈余管理嫌疑公司的真实活动盈余管理行为能改进未来运营绩效，具体回归方程如下：

$$MROA_{t+k|t} = \alpha_{0k} + \alpha_{1k} RM_t + \alpha_{2k} BENCH * RM_t + \alpha_{3k} ROA_t$$
$$+ \alpha_{4k} SIZE_t + \alpha_{5k} MTB_t + \alpha_{6k} RET_t + \alpha_{7k} LEV_t$$
$$+ \varepsilon_{t+k} \quad (k=1,2,3)$$

或

$$MCFOA_{t+k|t} = \alpha_{0k} + \alpha_{1k} RM_t + \alpha_{2k} BENCH * RM_t + \alpha_{3k} CFOA_t$$
$$+ \alpha_{4k} SIZE_t + \alpha_{5k} MTB_t + \alpha_{6k} RET_t + \alpha_{7k} LEV_t$$
$$+ \varepsilon_{t+k} \quad (k=1,2,3)$$

$$(3-4)$$

如果盈余管理嫌疑公司的真实活动盈余管理行为能改进未来运营绩效，回归系数 α_{2k} 应显著为正且 $\alpha_{1k} + \alpha_{2k}$ 应该大于零。

（3）对假说3的检验。

假说3认为，真实活动盈余管理的经济成本高于应计盈余管理。这个假说可以通过对比只实施真实活动盈余管理上市公司与只实施应计盈余管理上市公司的未来运营绩效来检验。具体回归方程如下：

$$MROA_{t+k|t} = \alpha_{0k} + \alpha_{1k} RMandNoDA_t + \alpha_{2k} ROA_t + \alpha_{3k} SIZE_t$$
$$+ \alpha_{4k} MTB_t + \alpha_{5k} RET_t + \alpha_{6k} LEV_t + \varepsilon_{t+k} \quad (k=1,2,3)$$

或

$$
\begin{aligned}
MCFOA_{t+k|t} = {} & \alpha_{0k} + \alpha_{1k}RMandNoDA_t + \alpha_{2k}CFOA_t \\
& + \alpha_{3k}SIZE_t + \alpha_{4k}MTB_t + \alpha_{5k}RET_t + \alpha_{6k}LEV_t \\
& + \varepsilon_{t+k} \quad (k = 1,2,3)
\end{aligned} \tag{3-5}
$$

其中，$RMandNoDA_t$ 为哑变量，如果一个公司在 t 年真实活动盈余管理位于前 20% 但应计盈余管理位于后 80%，则定义该公司的 RMandNoDA 等于 1。为了有一个合适的对比基准，估计样本还包括应计盈余管理位于前 20% 但真实活动盈余管理位于后 80% 的上市公司，并定义这些公司的 RMandNoDA 等于 0。如果假说 3 成立，α_{1k} 将小于零。

3.4 实证结果

3.4.1 描述性统计

表 3 - 1 给出了各变量的描述性统计。为了减少奇异值对实证结果的影响，所有连续变量的值在 1% 和 99% 处采取缩尾（winsorization）处理。可以看到，一个处于中位的公司的资产收益率为 6. 89% 、经营现金净流量与总资产的比率为 7. 89% 、股票年收益率为 0. 76% 、资产负债率为 23. 32% 。同时可以看到，中位公司的可操控经营现金净流量 R_CFO 、可操控产品成本 R_PROD 、可操控酌量性费用 R_DISEXP 、真实活动操控变量 RM1 和真实活动操控变量 RM2 分别为 0. 08% 、0. 11% 、0. 06% 、0. 16% 和 0. 11% 。最后还可以看到微盈或微增公司占所有样本

的 23.94%，这要远远高于美国的 4.56%（伽尼，2010）。

表 3 - 1　　　　　　　　各变量描述性统计

Variable	Defination	Obs	Mean	Median	Std. Dev.
R_CFO	可操控经营现金净流量	29751	- 0.0001	0.0852	0.0005
R_PROD	可操控产品成本	26833	- 0.0008	0.1181	0.0080
R_DISEXP	可操控酌量性费用	29751	0.0007	0.0695	0.0131
RM1	- R_DISEXP + R_PROD	26833	- 0.0003	0.1656	0.0202
RM2	- R_CFO + R_PROD	29751	0.0006	0.1173	0.0104
DA	可操控应计项目	30199	0.0020	0.0925	0.0025
ROA	资产收益率	32736	0.0332	0.0689	0.0361
CFOA	经营现金净流量与总资产的比率	32735	0.0432	0.0789	0.0425
SIZE	市场价值的自然对数	32368	15.2617	1.0002	15.1813
MTB	市值账面比	31698	4.1801	3.9587	3.0270
RET	股票年收益率	29651	0.2403	0.7664	- 0.0071
LEV	总负债/总资产	32737	0.4640	0.2332	0.4552
BENCH	微盈或微增公司	36873	0.2394	0.4267	0.0000

注：可操控经营现金净流量（R_CFO）、可操控产品成本（R_PROD）和可操控酌量性费用（R_DISEXP）等于各变量当年发生的实际数减去对应拟合值的差。

表 3 - 2 给出了各主要变量的相关系数矩阵，可以看到真实活动操控变量 R_CFO、R_PROD、R_DISEXP、RM1 和 RM2 均与公司绩效变量（ROA 或 CFOA）显著负相关[①]。

────────────

① 在 5% 的水平上均显著不为零（表中没有标出）。

表 3 – 2   主要变量的相关系数矩阵

	R_CFO	R_PROD	R_DISEXP	RM1	RM2	DA	ROA	CFOA
R_CFO	1. 0000							
R_PROD	0. 4205	1. 0000						
R_DISEXP	0. 1410	0. 5213	1. 0000					
RM1	0. 3593	0. 9330	0. 7935	1. 0000				
RM2	0. 8067	0. 6150	0. 6987	0. 7333	1. 0000			
DA	0. 6632	0. 1346	0. 0844	0. 1316	0. 5296	1. 0000		
ROA	− 0. 2595	− 0. 3043	− 0. 0633	− 0. 2437	− 0. 2253	0. 3856	1. 0000	
CFOA	− 0. 8907	− 0. 3783	− 0. 1200	− 0. 3204	− 0. 7153	− 0. 6182	0. 3152	1. 0000

注：变量定义请参照表 3 – 1。所有连续变量的值在 1% 和 99% 处采取缩尾（winsorization）处理。

3.4.2 对假说 1 的检验

表 3 – 3 给出了对式（3 – 1）的回归结果。我们在所有的回归中均控制了行业效应和年度效应。为了减少异方差的影响，回归中的标准差均聚集在公司层面上。

表 3 – 3a   真实活动盈余管理对未来资产收益率的影响

	(1) ROA$_{t+1}$	(2) ROA$_{t+2}$	(3) ROA$_{t+3}$	(4) ROA$_{t+1}$	(5) ROA$_{t+2}$	(6) ROA$_{t+3}$
RM1	− 0. 041 *** (− 14. 47)	− 0. 051 *** (− 13. 74)	− 0. 050 *** (− 11. 71)			
RM2				− 0. 073 *** (− 20. 25)	− 0. 087 *** (− 19. 00)	− 0. 080 *** (− 15. 50)
ROA	0. 430 *** (35. 17)	0. 258 *** (18. 75)	0. 221 *** (13. 63)	0. 439 *** (38. 02)	0. 260 *** (19. 43)	0. 222 *** (14. 32)

续表

	(1) ROA$_{t+1}$	(2) ROA$_{t+2}$	(3) ROA$_{t+3}$	(4) ROA$_{t+1}$	(5) ROA$_{t+2}$	(6) ROA$_{t+3}$
SIZE	0. 011 *** (19. 87)	0. 011 *** (14. 16)	0. 007 *** (8. 97)	0. 010 *** (19. 15)	0. 010 *** (13. 84)	0. 007 *** (9. 07)
MTB	0. 000 ** (2. 47)	0. 001 *** (4. 46)	0. 001 *** (4. 89)	0. 001 *** (3. 06)	0. 001 *** (4. 91)	0. 001 *** (4. 99)
RET	0. 010 *** (12. 05)	0. 003 *** (3. 27)	0. 004 *** (4. 01)	0. 011 *** (12. 81)	0. 003 *** (3. 03)	0. 004 *** (3. 86)
LEV	− 0. 037 *** (15. 77)	− 0. 043 *** (− 12. 40)	− 0. 036 *** (− 8. 95)	− 0. 039 *** (− 17. 97)	− 0. 046 *** (− 14. 24)	− 0. 039 *** (− 10. 82)
Intercept	− 0. 161 *** (− 17. 39)	− 0. 154 *** (− 12. 63)	− 0. 104 *** (− 7. 81)	− 0. 146 *** (− 17. 09)	− 0. 126 *** (− 11. 57)	− 0. 096 *** (− 7. 70)
Year fixed effects	Yes	Yes	Yes	Yes	Yes	Yes
Industry fixed effects	Yes	Yes	Yes	Yes	Yes	Yes
N	23429	21020	18611	26134	23609	21148
Adjusted R-squared	0. 337	0. 194	0. 147	0. 352	0. 204	0. 153

注：（1）各变量的定义请参照表 3 – 1。

（2）所有连续变量的值在 1% 和 99% 处采取缩尾（winsorization）处理。

（3）回归中的标准差均聚集在公司上，括号里的数值为相对应的 t 统计量。

（4）*** 、** 和 * 分别表示在 1% 、5% 和 10% 的水平上显著。

表 3 – 3b   真实活动盈余管理对未来经营现金净流量的影响

	(1) CFOA$_{t+1}$	(2) CFOA$_{t+2}$	(3) CFOA$_{t+3}$	(4) CFOA$_{t+1}$	(5) CFOA$_{t+2}$	(6) CFOA$_{t+3}$
RM1	− 0. 060 *** (− 15. 04)	− 0. 052 *** (− 11. 29)	− 0. 050 *** (− 10. 15)			
RM2				− 0. 067 *** (− 9. 09)	− 0. 065 *** (− 7. 70)	− 0. 064 *** (− 6. 86)

	(1) $CFOA_{t+1}$	(2) $CFOA_{t+2}$	(3) $CFOA_{t+3}$	(4) $CFOA_{t+1}$	(5) $CFOA_{t+2}$	(6) $CFOA_{t+3}$
CFOA	0.256 *** (22.76)	0.194 *** (16.95)	0.171 *** (15.67)	0.214 *** (15.78)	0.149 *** (10.45)	0.127 *** (8.84)
SIZE	0.008 *** (10.05)	0.007 *** (8.35)	0.008 *** (7.97)	0.008 *** (11.34)	0.008 *** (9.82)	0.008 *** (8.94)
MTB	−0.001 *** (−4.00)	−0.001 *** (−3.28)	−0.001 *** (−3.14)	−0.001 *** (−2.96)	−0.001 *** (−3.09)	−0.001 *** (−2.75)
RET	0.003 *** (2.83)	−0.004 *** (−4.00)	−0.004 *** (−2.59)	0.002 ** (2.10)	−0.005 *** (−4.64)	−0.004 *** (−2.71)
LEV	−0.009 *** (−3.08)	−0.006 (−1.62)	−0.003 (−0.72)	−0.017 *** (−5.98)	−0.013 *** (−3.69)	−0.010 ** (−2.55)
Intercept	−0.088 *** (−7.20)	−0.065 *** (−4.61)	−0.054 *** (−3.48)	−0.092 *** (−7.60)	−0.077 *** (−5.74)	−0.060 *** (−3.96)
Year fixed effects	Yes	Yes	Yes	Yes	Yes	Yes
Industry fixed effects	Yes	Yes	Yes	Yes	Yes	Yes
N	23429	21020	18612	26134	23609	21149
Adjusted R-squared	0.168	0.123	0.108	0.157	0.117	0.103

注：（1）各变量的定义请参照表 3 - 1。

（2）所有连续变量的值在 1% 和 99% 处采取缩尾（winsorization）处理。

（3）回归中的标准差均聚集在公司上，括号里的数值为相对应的 t 统计量。

（4）*** 、** 和 * 分别表示在 1%、5% 和 10% 的水平上显著。

表 3 - 3a 给出了因变量为 ROA 的回归结果。可以看到，在控制了资产收益率（ROA）、公司规模效应（SIZE）、公司增长机会（MTB）、公司年度收益率（RET）、资产负债率（LEV）、行业效应和年度效应后，真实活动盈余管理变量与上市公司未来资产收益率显著负相关。

表 3 - 3a 第（1）列表明，控制了其他因素后，真实活动盈

余管理变量 RM1 与上市公司未来第一年的资产收益率显著负相关（-0.041，t=-14.47）。表3-3a 第（2）列表明，真实活动盈余管理变量 RM1 与上市公司未来第二年的资产收益率同样显著负相关，且负面影响较第一年更大（-0.051，t=-13.74）。表3-3a 第（3）列表明，真实活动盈余管理变量 RM1 与上市公司未来第三年的资产收益率仍呈显著负相关关系，负面影响较第二年略有下降（-0.050，t=-11.71）。

表3-3a 第（4）列、第（5）列、第（6）列分别给出了真实活动盈余管理变量 RM2 对上市公司未来第一年、第二年、第三年资产收益率的影响。可以看到，真实活动盈余管理变量 RM2 同样与上市公司未来资产收益率显著负相关。与 RM1 相比，RM2 对上市公司资产收益率的负面影响的系数规模更大，显著性更强。

再来看控制变量的回归系数。从表3-3a 可以看到，各控制变量回归系数的符号在6个回归模型中是非常稳定的，只有显著性上的一些差异。与伽尼（2010）一致，我们发现公司当前运营绩效（ROA）、公司规模（SIZE）、公司股票收益（RET）与上市公司未来资产收益率显著正相关。与伽尼（2010）不一样的是，我们发现公司增长机会（MTB）同样与未来资产收益率显著正相关。表3-3 还表明上市公司资产负债率（LEV）与未来的资产收益率负相关。

表3-3b 给出了因变量为 CFOA 的回归结果。在控制了 CFOA、公司规模效应（SIZE）、公司增长机会（MTB）、公司年度收益率（RET）、资产负债率（LEV）、行业效应和年度效应后，真实活动盈余管理变量与上市公司未来经营现金净流量显著负相关。无论真实活动盈余管理变量是 RM1 还是 RM2，真实活动盈余管理变量均与上市公司未来第一年、第二年、第三年

的经营现金净流量显著负相关。

为了控制运营绩效的反转,我们使用巴伯和里昂(1996)倡导的匹配法对运营绩效(因变量)进行调整,然后重新检验假说1。表3-4给出了对式(3-2)的回归结果。

表3-4a 真实活动盈余管理对未来资产收益率(匹配后)的影响

	(1) $MROA_{t+1}$	(2) $MROA_{t+2}$	(3) $MROA_{t+3}$	(4) $MROA_{t+1}$	(5) $MROA_{t+2}$	(6) $MROA_{t+3}$
RM1	-0.019 *** (-5.17)	-0.029 *** (-6.27)	-0.029 *** (-5.19)			
RM2				-0.035 *** (-6.84)	-0.054 *** (-8.49)	-0.060 *** (-8.00)
ROA	0.017 (1.02)	-0.011 (-0.58)	-0.001 (-0.02)	0.023 (1.41)	-0.007 (-0.37)	-0.006 (-0.25)
SIZE	0.003 *** (4.18)	0.002 ** (2.41)	0.000 (0.30)	0.003 *** (4.17)	0.002 * (1.89)	0.000 (0.44)
MTB	0.001 *** (3.13)	0.001 (1.56)	0.001 * (1.91)	0.001 *** (3.22)	0.000 (1.47)	0.001 (1.53)
RET	0.018 *** (13.51)	0.007 *** (4.77)	0.005 ** (2.48)	0.018 *** (14.23)	0.007 *** (5.01)	0.005 *** (2.92)
LEV	-0.022 *** (-6.33)	-0.032 *** (-7.36)	-0.022 *** (-4.25)	-0.021 *** (-6.28)	-0.032 *** (-7.91)	-0.021 *** (-4.23)
Intercept	-0.030 ** (-2.38)	-0.021 (-1.36)	0.001 (0.06)	-0.041 *** (-3.46)	-0.023 (-1.57)	-0.018 (-1.01)
Year fixed effects	Yes	Yes	Yes	Yes	Yes	Yes
Industry fixed effects	Yes	Yes	Yes	Yes	Yes	Yes
N	23182	20724	18258	25729	23087	20516
Adjusted R - squared	0.021	0.009	0.005	0.022	0.011	0.007

注:(1)各变量的定义请参照表3-1。

(2)所有连续变量的值在1%和99%处采取缩尾(winsorization)处理。

(3)回归中的标准差聚集在公司上,括号里的数值为相对应的t统计量。

(4)*** 、 ** 和 * 分别表示在1%、5%和10%的水平上显著。

表 3 – 4b 真实活动盈余管理对未来经营现金净流量（匹配后）的影响

	(1) $MCFOA_{t+1}$	(2) $MCFOA_{t+2}$	(3) $MCFOA_{t+3}$	(4) $MCFOA_{t+1}$	(5) $MCFOA_{t+2}$	(6) $MCFOA_{t+3}$
RM1	−0.054 *** (−9.11)	−0.042 *** (−6.46)	−0.049 *** (−6.95)			
RM2				−0.032 *** (−2.83)	−0.038 *** (−2.95)	−0.053 *** (−3.80)
CFOA	−0.004 (−0.23)	−0.010 (−0.61)	−0.020 (−1.20)	−0.011 (−0.59)	−0.032 (−1.50)	−0.059 *** (−2.66)
SIZE	0.000 (0.22)	0.001 (−0.91)	−0.001 (−1.11)	0.001 (1.44)	0.001 (0.48)	0.000 (0.13)
MTB	−0.000 (−0.45)	−0.001 ** (−0.45)	−0.001 ** (−2.18)	0.000 (0.51)	−0.001 ** (−2.15)	−0.001 * (−1.79)
RET	0.010 *** (5.33)	−0.002 (−0.94)	0.001 (0.52)	0.009 *** (5.15)	−0.002 (−1.07)	0.001 (0.37)
LEV	−0.012 *** (−2.65)	−0.013 ** (−2.41)	−0.008 (−1.28)	−0.022 *** (−5.02)	−0.020 *** (−3.91)	−0.014 ** (−2.46)
Intercept	−0.014 (−0.80)	0.035 (1.60)	0.031 (1.34)	−0.006 (−0.32)	0.014 (0.68)	0.005 (0.24)
Year fixed effects	Yes	Yes	Yes	Yes	Yes	Yes
Industry fixed effects	Yes	Yes	Yes	Yes	Yes	Yes
N	23180	20684	18220	25689	22976	20393
Adjusted R – squared	0.007	0.003	0.003	0.003	0.001	0.001

注：（1）各变量的定义请参照表 3 – 1。

（2）所有连续变量的值在 1% 和 99% 处采取缩尾（winsorization）处理。

（3）回归中的标准差均聚集在公司上，括号里的数值为相对应的 t 统计量。

（4）***、** 和 * 分别表示在 1%、5% 和 10% 的水平上显著。

表 3 – 4a 给出了因变量为匹配后的资产收益率（MROA）的回归结果。可以看到，在控制了资产收益率（ROA）、公司规模

效应（SIZE）、公司增长机会（MTB）、公司年度收益率（RET）、资产负债率（LEV）、行业效应和年度效应后，真实活动盈余管理变量仍与上市公司未来资产收益率显著负相关。

表3-4a第（1）列、第（2）列、第（3）列表明，控制了其他因素后，真实活动盈余管理变量RM1与上市公司未来第一年、第二年、第三年的经匹配后的资产收益率均显著负相关（在1%的水平上显著不为零）。未来第二年和第三年（均是-0.029）的负面影响较第一年（-0.019）更大。表3-4a后三列分别给出了真实活动盈余管理变量RM2对上市公司未来第一年、第二年、第三年的经匹配后的资产收益率的影响。可以看到，真实活动盈余管理变量RM2同样与上市公司未来资产收益率显著负相关。与RM1相比，RM2对上市公司资产收益率的负面影响更大。

表3-4b给出了因变量为MCFOA的回归结果。在控制了CFOA、公司规模效应（SIZE）、公司增长机会（MTB）、公司年度收益率（RET）、资产负债率（LEV）、行业效应和年度效应后，真实活动盈余管理变量与上市公司经匹配后的未来经营现金净流量显著负相关。无论真实活动盈余管理变量是RM1还是RM2，真实活动盈余管理变量均与上市公司未来第一年、第二年、第三年经匹配后的经营现金净流量显著负相关（在1%的水平上显著不为零）。

总之，表3-3和表3-4的实证结果证实了埃沃特和瓦根霍费尔（2005）的理论分析，也印证了科恩和查诺文（2010），莱格特、帕森斯和赖滕加（2009），陈习定、张芳芳和周秣宸（2017）的实证研究，表明真实活动盈余管理与上市公司未来运营绩效负相关，这意味着假说1不成立。

3.4.3　对假说 2 的检验

表 3 - 5 给出了对式 (3 - 3) 的回归结果。表 3 - 5 第 (1) 列、第 (2) 列和第 (3) 列分别给出了因变量为 R_CFO、R_PROD 和 R_DISEXP 的回归结果。可以看到，BENCH 的回归系数在三列均显著为正 (在 5% 的水平上显著不为零)，这表明盈余管理嫌疑公司 (即微盈和微增公司) 的真实活动盈余管理更加突出。考虑到上市公司可能会同时采取多种真实活动盈余管理方法，表 3 - 5 第 (4) 列、第 (5) 列给出了因变量分别为 RM1、RM2 的回归结果，BENCH 的回归系数在 1% 的水平上显著不为零。总之，与伽尼 (2010) 的研究一样，表 3 - 5 的回归结果证实了盈余管理嫌疑公司的真实活动盈余管理更加突出。

表 3 - 5　　　　　　嫌疑公司对真实活动盈余管理变量的影响

	(1) R_CFO	(2) R_PROD	(3) R_DISEXP	(4) RM1	(5) RM2
BENCH	.0.003 ** (2.32)	0.011 *** (6.67)	0.008 *** (8.12)	0.019 *** (7.91)	0.010 *** (6.74)
SIZE	−0.005 *** (−5.22)	−0.003 (−1.51)	−0.010 *** (−6.62)	−0.013 *** (−3.75)	−0.015 *** (−8.01)
MTB	−0.001 *** (−3.64)	−0.003 *** (−8.43)	−0.002 *** (−6.70)	−0.004 *** (−8.06)	−0.002 *** (−6.78)
ROA	−0.374 *** (−28.70)	−0.673 *** (−27.07)	−0.096 *** (−6.28)	−0.775 *** (−20.27)	−0.470 *** (−20.78)
Intercept	0.095 *** (5.77)	0.074 ** (2.36)	0.155 *** (6.94)	0.221 *** (4.36)	0.250 *** (8.47)
Year fixed effects	Yes	Yes	Yes	Yes	Yes

	（1） R_CFO	（2） R_PROD	（3） R_DISEXP	（4） RM1	（5） RM2
Industry fixed effects	Yes	Yes	Yes	Yes	Yes
N	28939	26040	28939	26040	28939
Adjusted R – squared	0.081	0.130	0.035	0.104	0.090

注：（1）各变量的定义请参照表 3 – 1。

（2）所有连续变量的值在 1% 和 99% 处采取缩尾（winsorization）处理。

（3）回归中的标准差均聚集在公司上，括号里的数值为相对应的 t 统计量。

（4）***、** 和 * 分别表示在 1%、5% 和 10% 的水平上显著。

表 3 – 6a　　嫌疑公司真实活动盈余管理对未来资产
收益率（匹配后）的影响

	（1） $MROA_{t+1}$	（2） $MROA_{t+2}$	（3） $MROA_{t+3}$	（4） $MROA_{t+1}$	（5） $MROA_{t+2}$	（6） $MROA_{t+3}$
RM1	– 0.021 *** （– 5.14）	– 0.032 *** （– 6.33）	– 0.033 *** （– 4.96）			
BENCH ∗ RM1	0.010 （1.39）	0.012 （1.38）	0.012 （1.13）			
RM2				– 0.033 *** （– 5.63）	– 0.053 *** （– 7.40）	– 0.062 *** （– 7.10）
BENCH ∗ RM2				– 0.009 （– 0.84）	– 0.002 （– 0.16）	0.007 （0.46）
ROA	0.017 （1.01）	– 0.011 （– 0.59）	– 0.001 （– 0.03）	0.023 （1.42）	– 0.007 （– 0.37）	– 0.006 （– 0.25）
SIZE	0.003 *** （4.20）	0.002 ** （2.44）	0.000 （0.34）	0.003 *** （4.15）	0.002 * （1.89）	0.000 （0.46）
MTB	0.001 *** （3.15）	0.001 （1.58）	0.001 * （1.93）	0.001 *** （3.22）	0.000 （1.47）	0.001 （1.54）

续表

	(1) MROA$_{t+1}$	(2) MROA$_{t+2}$	(3) MROA$_{t+3}$	(4) MROA$_{t+1}$	(5) MROA$_{t+2}$	(6) MROA$_{t+3}$
RET	0. 018 *** (13. 49)	0. 007 *** (4. 74)	0. 005 ** (2. 44)	0. 018 *** (14. 24)	0. 007 *** (5. 01)	0. 005 *** (2. 91)
LEV	− 0. 023 *** (− 6. 35)	− 0. 032 *** (− 7. 40)	− 0. 022 *** (− 4. 28)	− 0. 021 *** (− 6. 26)	− 0. 032 *** (− 7. 91)	− 0. 021 *** (− 4. 24)
Intercept	− 0. 031 ** (− 2. 40)	− 0. 021 (− 1. 39)	0. 001 (0. 04)	− 0. 041 *** (− 3. 44)	− 0. 023 (− 1. 57)	− 0. 019 (− 1. 02)
Year fixed effects	Yes	Yes	Yes	Yes	Yes	Yes
Industry fixed effects	Yes	Yes	Yes	Yes	Yes	Yes
N	23182	20724	18258	25729	23087	20516
Adjusted R − squared	0. 021	0. 009	0. 005	0. 022	0. 011	0. 007

注：（1）各变量的定义请参照表 3 – 1。

（2）所有连续变量的值在 1% 和 99% 处采取缩尾（winsorization）处理。

（3）回归中的标准差均聚集在公司上，括号里的数值为相对应的 t 统计量。

（4）*** 、** 和 * 分别表示在 1% 、5% 和 10% 的水平上显著。

表 3 – 6b　　嫌疑公司真实活动盈余管理对未来经营
现金净流量（匹配后）的影响

	(1) MCFOA$_{t+1}$	(2) MCFOA$_{t+2}$	(3) MCFOA$_{t+3}$	(4) MCFOA$_{t+1}$	(5) MCFOA$_{t+2}$	(6) MCFOA$_{t+3}$
RM1	− 0. 053 *** (− 7. 76)	− 0. 044 *** (− 5. 78)	− 0. 049 *** (− 5. 99)			
BENCH ∗ RM1	− 0. 001 (− 0. 11)	0. 005 (0. 34)	− 0. 001 (− 0. 05)			
RM2				− 0. 032 *** (− 2. 60)	− 0. 037 *** (− 2. 70)	− 0. 056 *** (− 3. 78)
BENCH ∗ RM2				0. 001 (0. 05)	− 0. 002 (− 0. 13)	0. 014 (0. 69)

续表

	(1) MCFOA$_{t+1}$	(2) MCFOA$_{t+2}$	(3) MCFOA$_{t+3}$	(4) MCFOA$_{t+1}$	(5) MCFOA$_{t+2}$	(6) MCFOA$_{t+3}$
CFOA	- 0.004 (- 0.25)	- 0.010 (- 0.61)	- 0.020 (- 1.20)	- 0.011 (- 0.59)	- 0.032 (- 1.50)	- 0.059 *** (- 2.64)
SIZE	0.000 (0.22)	- 0.001 (- 0.90)	- 0.001 (- 1.11)	0.001 (1.44)	0.001 (0.47)	0.000 (0.15)
MTB	- 0.000 (- 0.45)	- 0.001 ** (- 2.35)	- 0.001 ** (- 2.18)	0.000 (0.51)	- 0.001 ** (- 2.15)	- 0.001 * (- 1.77)
RET	0.010 *** (5.33)	- 0.002 (- 0.95)	0.001 (0.53)	0.009 *** (5.15)	- 0.002 (- 1.06)	0.001 (0.35)
LEV	- 0.012 *** (- 2.65)	- 0.013 ** (- 2.41)	- 0.008 (- 1.28)	- 0.022 *** (- 5.02)	- 0.020 *** (- 3.90)	- 0.014 ** (- 2.48)
Intercept	- 0.014 (- 0.80)	0.035 (1.60)	0.031 (1.35)	- 0.006 (- 0.32)	0.014 (0.68)	0.005 (0.23)
Year fixed effects	Yes	Yes	Yes	Yes	Yes	Yes
Industry fixed effects	Yes	Yes	Yes	Yes	Yes	Yes
N	23180	20684	18220	25689	22976	20393
Adjusted R – squared	0.007	0.003	0.003	0.003	0.001	0.001

注：(1) 各变量的定义请参照表 3 - 1。

(2) 所有连续变量的值在 1% 和 99% 处采取缩尾（winsorization）处理。

(3) 回归中的标准差均聚集在公司上，括号里的数值为相对应的 t 统计量。

(4) *** 、** 和 * 分别表示在 1% 、5% 和 10% 的水平上显著。

伽尼（2010）的研究强调盈余管理嫌疑公司（即微盈和微增公司）的真实活动盈余管理能改进未来运营绩效，为了与之直接对比，我们对式（3 - 4）进行回归，表 3 - 6 给出了相应的回归结果。

表 3 - 6a 给出了因变量为 MROA 的回归结果。先来看交叉项（BENCH * RM）的系数，表 3 - 6a 前三列的交叉项为

BENCH * RM1，虽然均与未来资产收益率正相关，但均不显著。表3-6a后三列的交叉项为BENCH * RM2，与未来的资产收益率的关系均不显著。再来看RM的回归系数，可以看到，在表3-6a前三列中，RM1的回归系数显著为负；在表3-6a后三列中，RM2的回归系数同样显著为负，这意味着在控制了交叉项后，真实盈余管理变量仍与未来资产收益率显著负相关。最后，将真实盈余管理变量RM与交叉项的回归系数相加，发现在表3-6a全部六列，其和均显著小于零。

表3-6b给出了因变量为MCFOA的回归结果。可以看到，首先，表3-6b所有六列中交叉项BENCH * RM（无论真实盈余管理变量是RM1还是RM2）与未来的资产收益率的关系均不显著。其次，表3-6b所有六列中真实盈余管理变量与未来资产收益率显著负相关。最后，将真实盈余管理变量RM与交叉项的回归系数相加，发现在表3-6b全部六列，其和仍显著小于零。

伽尼（2010）的研究表明交叉项系数显著为正，且真实盈余管理变量RM与交叉项的回归系数相加之和显著大于零，因此，伽尼（2010）认为盈余管理嫌疑公司的真实活动盈余管理行为能改进未来运营绩效，而表3-6a和表3-6b的实证结果显然与其不一致，因此，我们认为本书的假说2不成立。

3.4.4　对假说3的检验

为了检验假说3，我们对式（3-5）进行回归，表3-7给出了相应的回归结果。与因变量为匹配后的资产收益率的回归方程相比，我们更看重因变量为匹配后的经营现金净流量的回归方程。原因在于资产收益率容易受应计盈余管理的影响，从可操控应计项目的特点可知，如果当年应计盈余管理水平很低（导致当年资产收益率很低），未来的资产收益率有可能会反转（艾伦、拉森和斯隆，2013），从而稀释甚至逆转 RM and NoDA 对未来资产收益率的影响。用经营现金净流量作为因变量则可以解决这个问题，因为管理层使用的会计政策对经营现金净流量的影响较少，即经营现金净流量包含的噪声更少，因此，可以更好地比较真实活动盈余管理与应计盈余管理的经济成本。

表3-7a 真实活动盈余管理和应计盈余管理成本的比较
（因变量为匹配后的资产收益率）

	(1) $MROA_{t+1}$	(2) $MROA_{t+2}$	(3) $MROA_{t+3}$	(4) $MROA_{t+1}$	(5) $MROA_{t+2}$	(6) $MROA_{t+3}$
RM1 and NoDA	0.007 (0.84)	0.015 (1.54)	0.008 (1.31)			
RM2 and NoDA				0.012 (1.40)	0.006 (1.44)	0.003 (0.73)
ROA	0.032 (1.06)	0.065* (1.89)	0.035 (0.90)	0.063 (1.56)	-0.031 (-0.82)	0.011 (0.25)
SIZE	0.004*** (3.05)	0.001 (0.58)	0.002 (1.27)	0.006*** (3.41)	0.004** (2.00)	0.001 (0.37)
MTB	0.001*** (3.17)	0.001 (1.10)	0.000 (0.38)	0.001* (1.68)	0.001** (2.33)	0.002** (2.25)
RET	0.020*** (8.61)	0.011*** (3.98)	0.010*** (3.23)	0.016*** (4.99)	0.009** (2.33)	0.001 (0.27)
LEV	-0.025*** (-4.14)	-0.036*** (-5.12)	-0.026*** (-3.21)	-0.033*** (-3.66)	-0.044*** (-4.55)	-0.024** (-2.20)
Intercept	-0.041** (-1.99)	-0.017 (-0.70)	-0.061** (-2.01)	-0.124*** (-4.23)	-0.058* (-1.65)	-0.030 (-0.73)
Year fixed effects	Yes	Yes	Yes	Yes	Yes	Yes

续表

	(1) MROA$_{t+1}$	(2) MROA$_{t+2}$	(3) MROA$_{t+3}$	(4) MROA$_{t+1}$	(5) MROA$_{t+2}$	(6) MROA$_{t+3}$
Industry fixed effects	Yes	Yes	Yes	Yes	Yes	Yes
N	8164	7329	6588	4538	4050	3597
Adjusted R – squared	0.025	0.014	0.006	0.022	0.013	0.003

注:(1) 各变量的定义请参照表 3 – 1。

(2) 所有连续变量的值在 1% 和 99% 采取缩尾 (winsorization) 处理。

(3) 回归中的标准差均聚集在公司上,括号里的数值为相对应的 t 统计量。

(4) ***、** 和 * 分别表示在 1%、5% 和 10% 的水平上显著。

表 3 – 7b   真实活动盈余管理和应计盈余管理成本的比较

(因变量为匹配后的经营现金净流量)

	(1) MCFOA$_{t+1}$	(2) MCFOA$_{t+2}$	(3) MCFOA$_{t+3}$	(4) MCFOA$_{t+1}$	(5) MCFOA$_{t+2}$	(6) MCFOA$_{t+3}$
RM1 and NoDA	– 0.013 *** (– 3.51)	– 0.009 ** (– 2.28)	– 0.016 *** (– 3.97)			
RM2 and NoDA				– 0.004 *** (– 2.86)	– 0.003 *** (– 2.72)	– 0.016 *** (– 3.35)
CFOA	0.015 (0.50)	0.037 (1.23)	0.033 (1.02)	0.156 *** (3.48)	0.124 *** (2.66)	0.201 *** (3.70)
SIZE	0.001 (0.72)	0.003 (1.42)	0.003 (1.31)	0.001 (0.39)	0.003 (1.23)	– 0.003 (– 1.18)
MTB	0.000 (0.57)	– 0.001 (– 1.16)	– 0.000 (– 0.39)	0.000 (0.44)	– 0.001 (– 0.80)	– 0.000 (– 0.30)
RET	0.008 ** (2.40)	– 0.002 (– 0.63)	– 0.004 (– 0.87)	0.008 * (1.76)	– 0.006 (– 1.25)	– 0.005 (– 1.00)
LEV	– 0.029 *** (– 3.70)	– 0.022 *** (– 2.60)	– 0.010 (– 1.12)	– 0.012 (– 1.16)	– 0.023 ** (– 2.11)	0.016 (1.22)
Intercept	– 0.023 (– 0.75)	– 0.011 (– 0.32)	– 0.026 (– 0.69)	– 0.026 (– 0.67)	– 0.018 (– 0.43)	0.052 (1.12)

续表

	(1) $MCFOA_{t+1}$	(2) $MCFOA_{t+2}$	(3) $MCFOA_{t+3}$	(4) $MCFOA_{t+1}$	(5) $MCFOA_{t+2}$	(6) $MCFOA_{t+3}$
Year fixed effects	Yes	Yes	Yes	Yes	Yes	Yes
Industry fixed effects	Yes	Yes	Yes	Yes	Yes	Yes
N	8122	7253	6505	4534	4027	3572
Adjusted R – squared	0.006	0.003	0.002	0.005	0.005	0.008

注：（1）各变量的定义请参照表3-1。

（2）所有连续变量的值在1%和99%处采取缩尾（winsorization）处理。

（3）回归中的标准差均聚集在公司上，括号里的数值为相对应的t统计量。

（4）***、**和*分别表示在1%、5%和10%的水平上显著。

表3-7给出了对式（3-11）的回归结果。表3-7a给出了因变量为匹配后的资产收益率（MROA）的回归结果。可以看到，在表3-7a前三列中，RM1 and NoDA 的回归系数为正但并不显著；在表3-7a后三列中，RM2 的回归系数同样为正且不显著。

表3-7b给出了因变量为匹配后的经营现金净流量（MCFOA）的回归结果，由于经营现金净流量包含的噪声更少，因此，我们重点关注它的回归结果。表3-7b前三列的自变量为RM1 and NoDA，可以看到它均与未来运营绩效负相关，其中第（1）列（未来第一年）和第（3）列（未来第三年）在1%的水平上显著不为零，第（2）列（未来第二年）在5%的水平上显著不为零。表3-7b后三列的自变量为RM2 and NoDA，可以看到它仍与未来运营绩效负相关，三列均在1%的水平上显著不为零。这说明只实施真实活动盈余管理的上市公司未来经营现金净流量低于只实施应计盈余管理的上市公司，即真实活动盈余管理的经济成本高于应计盈余管理，从而证实了假说3。

3.5　结　论

本章使用中国沪深 A 股上市公司年度数据来探讨真实活动盈余管理与上市公司未来运营绩效之间的关系。我们发现真实活动盈余管理与上市公司未来资产收益率以及现金流均呈显著负相关关系。研究同时发现，盈余管理嫌疑公司（即微盈和微增公司）的真实活动盈余管理行为不能改进未来运营绩效。研究还发现，与应计盈余管理相比，真实活动盈余管理对上市公司未来现金流的负面影响更大，这表明真实活动盈余管理的经济成本高于应计盈余管理。

显然，本章的实证证据能为公司管理层、监管当局提供决策依据。

首先，本章的实证证据表明真实活动盈余管理会削弱上市公司未来运营绩效，并且真实活动盈余管理的经济成本高于应计盈余管理，因此，公司管理层在实施真实活动盈余管理时应考虑真实活动盈余管理的成本以及相对成本（相对于应计盈余管理）。一个自然而然的问题就是，既然理论分析和实证证据均表明真实活动盈余管理会削弱上市公司未来运营绩效（即使实现了微盈和微增），为什么公司管理层还乐此不疲呢？根据格雷厄姆、哈维和拉杰帕尔（2005）的研究，实施真实活动盈余管理实现特定盈余目标将为管理层带来丰厚的利益（如奖金、期权、确保职位以及名声等）。与此同时，实施真实活动盈余管理可避免债务契约违约以及避免监管部门干预等（罗约夫德里，2006）。

其次，本章的实证证据建议监管当局在关注上市公司盈余报告质量的时候要同时关注应计盈余管理和真实活动盈余管理。目前各国监管当局对应计盈余管理的监管都是比较严厉的，特别是安然等公司财务造假事件曝光后。科恩、迪和丽丝（2008）的研究表明，在 2002 年《萨班斯—奥克斯利法案》通过之后，美国资本市场应计盈余管理显著下降，但与此同时，真实活动盈余管理显著上升，因为真实活动盈余管理更难被监管当局发现。本章的实证结果表明真实活动盈余管理比应计盈余管理带给上市公司的成本更高，因而也更值得监管。

同其他的真实活动盈余管理研究文献一样，本章所得出的实证结果依赖于对真实活动盈余管理变量以及应计盈余管理变量的测量误差，因此在解释的时候需要特别小心。无论是可操控经营现金净流量（R_CFO）、可操控产品成本（R_PROD）和可操控酌量性费用（R_DISEXP）的测量均有可能包含较大的测量误差。一个可能的解决办法是找到更合适的模型来测度上述变量，这也正是我们后续研究的方向。

第 4 章
真实活动盈余操控与股价崩盘风险

本章研究经盈余表现匹配后的真实活动盈余操控变量（performance matched real earnings management，PMREM）对上市公司未来股价崩盘风险的影响。以 1999～2016 年中国上市公司作为样本，我们发现 PMREM 与上市公司未来股价崩盘风险显著正相关。进一步研究发现，PMREM 与上市公司未来股价崩盘风险的正相关关系在代理成本较高的公司（高管理费用比率公司或低资产周转率公司）更明显。最后，我们还发现上市公司的真实活动盈余操控程度越高，其财务报告质量越低。我们的实证结果表明真实活动盈余操控会隐藏坏消息的及时披露并引致次优决策，这正是导致上市公司未来股价崩盘的原因。

4.1 引 言

上市公司的盈余被外部利益相关者认为是公司财务报表中最重要的会计信息。根据格雷厄姆、哈维和拉杰帕尔（2005）的研究，首席财务官认为盈余而不是现金流量，是外部利益相关者评估公司价值的首选工具。上述信条给上市公司带来强烈的激励去操控盈余达到或者超越特定的盈余目标从而来取悦外部利益相关者（布格斯塔勒和迪切夫，1997）。

长期以来，财务实践中有两种操控盈余的办法。第一种是通过操控应计项目来实现，该方法不会对现金流造成直接影响（罗约夫德里，2006）。这种方法基于应计项目的盈余操控（ac-crual – based earnings management，AEM）持续时间较短且会发生反转。第二种是通过操控上市公司的真实活动（real activi-ties）来实现。例如，管理层通过改变真实活动（例如销售活动、生产活动或者投资活动）的时点和规模来达到或超过特定的盈余目标。这种基于真实活动的盈余操控（real earnings man-agement，REM）对上市公司的现金流会造成直接的影响。公司管理层偏爱使用真实活动去操控盈余，是因为它更难被投资者察觉或提出诉讼（格雷厄姆、哈维和拉杰帕尔，2005；黄、罗约夫德里和斯莱滕，2017；科塔里、米奇可和罗约夫德里，2016），不仅如此，真实活动盈余操控更少受到董事会、监管者和其他利益相关者的监视（金和索恩，2013）。

虽然真实活动盈余操控非常流行，但研究其经济后果的文献仍然较少。为了更进一步地探索真实活动盈余操控的影响，本章我们将研究聚焦在经盈余表现匹配后的真实活动盈余操控变量对上市公司未来股价崩盘风险的影响上。鉴于现有文献中 REM 与其经济后果之间的关系充满了争议①，所以我们选择 PMREM 作为真实活动盈余操控的代理变量。经盈

---

① 一些财务学者认为，REM 对上市公司的现金流有负面影响；但另一些财务学者却认为使用 REM 达到盈余目标能提高在利益相关者心中的公司价值。事实上，本章的实证结果也表明 REM 和上市公司未来股价崩盘风险之间不存在稳健的相关关系。

余表现匹配后的盈余操控变量的概念和测度方法最早由科塔里、里昂和威斯利（2005）提出。与 REM 相比，PEREM 将处于平均真实活动盈余操控水平的公司视同为没有实施真实活动盈余操控，换句话说，PEREM 测度的是真实活动盈余操控的极端水平。另一个研究上述关系的原因是股价崩盘风险，即股票价格的极端负向调整（例如，靳和梅尔斯，2006）正是学术研究的热点。

我们认为，PMREM 与股票崩盘风险正相关。

第一，PMREM 降低了上市公司的透明度。当上市公司实施极端的真实活动时，商业进程会发生巨大的改变。PMREM 使得利益相关者觉察和监督公司的难度大幅度上升（因为缺乏同行业的比较），这有利于公司管理层囤积更多的负面消息。

第二，PMREM 通常通过削减酌量性支出（例如市场营销支出或者研发支出）来实现，这可能会增加股价崩盘风险。因为无论是市场营销支出还是研发支出对企业未来的发展和竞争力均十分重要（贝雷斯金、许和罗滕贝格，2018；米齐克，2010）。许多轶事和实证证据均表明，为了达到甚至超越盈余目标，市场营销支出和研发支出通常首先被砍掉（格雷厄姆、哈维和拉杰帕尔，2005）。事实上，许多市场营销活动和研发活动对企业绩效均有着长期的影响，因此需要上市公司实质性的支出而不是削减（米齐克，2010）。

第三，PMREM 通过实施和延长净现值为负的项目增加了上市公司未来股价崩盘的风险。通过隐藏行为模型，本梅尔、坎德尔和韦罗内西（2010）的研究表明，当投资机会恶化的时候，公司高管有动力去投资净现值为负的投资项目以实现盈余目标。布莱克和刘（2007）认为，公司管理层有动力尽可能维持净现值为负的投资项目。公司高管会千方百计阻止投资者察觉并清算净现值为负的投资项目，特别是在早期的时候。这会导致这些净现值为负的项目长久维持直至资产价格崩盘。

本章的发现支持了我们的假说。以 1999～2016 年中国上市公司为样本，我们发现 PMREM 与上市公司未来股价崩盘风险显著正相关。进一步研究发现，PMREM 与上市公司未来股价崩盘风险的正相关关系在代理成本较高的公司（高管理费用比率公司或低资产周转率公司）更明显。这表明高代理成本有利于经理层囤积坏消息并做出次优决策。最后，我们还发现上市公司的真实活动盈余操控程度越高，其财务报告质量越低。

我们的贡献体现在以下两个方面。第一，我们拓展了真实活动盈余操控经济后果的研究。真实活动盈余操控经济后果一直是学术界研究的热点，例如，运营绩效表现（科恩和查诺文，2010），资本市场表现（科塔里、米奇可和罗约夫德里，2016；米齐克，2010），权益资金成本（金和索恩，2013）以及创新活动（贝雷斯金、许和罗滕贝格，2018）等。本章研究首次证实了 PMREM 和股价崩盘风险之间有显著的正相关关系，这拓展了真实活动盈余操控经济后果的文献。第二，本章对股价崩盘风险影响因素的研究同样有贡献，本章的实证证据表明 PMREM 是影响上市公司未来股价崩盘风险的重要决定因素。

本章的其余部分结构如下。在第 4.2 节中，我们回顾了相关文献并发展了相关假设。在第 4.3 节中，我们提出了本章的样本和变量测量。第 4.4 节和第 4.5 节讨论了本章的实证结果。第 4.6 节为作用机制。结束语在第 4.7 节中提出。

4.2　文献综述和研究假设

真实活动盈余操控是被广泛讨论的议题（贝雷斯金、许和罗滕贝格，2018）。真实活动盈余操控是上市公司管理层为了误导财务报告而实施的公司行为。真实活动盈余操控很常见。巴伯、费尔菲尔德和哈格德（1991）的研究表明，当研发支出会阻碍本期盈余目标的实现时，研发支出会急剧下滑。德肖和斯隆（1991）的研究表明，面临退休的首席执行官（CEOs）会大幅度削减公司的研发支出。罗约夫德里（2006）的研究证实，上市公司通过销售操控、生产操控和费用操控以达到或超越盈余目标。

真实活动盈余操控长期以来一直是学术研究的目标。研究者也在研究真实活动盈余操控对资本市场的影响。科恩和查诺文（2010）的研究表明，真实活动盈余操控是上市公司股权再融资后（SEOs）在资本市场表现不佳的重要原因。他们的研究还同时表明 REM 的经济成本要显著高于 AEM。米齐克（2010）评估削减营销支出和研发支出以提高盈利的后果，并发现该类活动对公司价值（包括运营绩效和市场表现）有长期的净负面影响。金和索恩（2013）发现权益资金成本与 REM 显著正相关，并且 REM 的正向影响较 AEM 更明显。贝雷斯金、许和罗滕贝格（2018）发现，与其他研发支出削减不同，真实活动盈余管理的研发支出削减会导致更少的专利数量、更少具有影响力的专利数量和更低的研发效率。因此，贝雷斯金、许和罗滕贝格（2018）认为真实活动盈余管理阻碍了企业的技术进步。

我们试图检验 PMREM 的经济后果从而拓展当前的研究。受当前大量涌现的股价崩盘风险文献的影响（赫顿、马库斯和德拉尼亚，2009；靳和梅尔斯，2006），我们试图探索 PMREM 对上市公司未来股价崩盘风险的影响。科塔里、舒和怀索基（2009）辩称，公司管理层基于职业生涯方面的考虑倾向于隐瞒坏消息，考虑的因素包括奖金计划、股票期权激励、晋升和就业机会等。科塔里、舒和怀索基（2009）同时也提供了上市公司管理层延迟将坏消息告知投资者的实证证据。

虽然公司管理层倾向于尽可能延长对投资者隐藏坏消息的时间，但如果坏消息累积到临界点，隐藏坏消息的成本变得十分高昂（科塔里、舒和怀索基，2009），公司管理层不得不放弃隐藏坏消息的努力，所有的坏消息突然公开，因此导致市场反应剧烈并引发股价崩盘（赫顿、马库斯和德拉尼亚，2009；靳和梅尔斯，2006）。研究人员发现大量通过隐藏坏消息进而导致股价崩盘的因素，例如公司税收规避（基姆、李和张，2011），CEO 和 CFO 的股权激励（本梅尔、坎德尔和韦罗内西，2010；基姆、李和张，2011），机构投资者的稳定性（卡伦和方，2013），公司高管的津贴水平（许、李、袁和陈，2014），会计稳健性（基姆和张，2016），CEO 过度自信的特质（基姆、王和张，2016），盈余平滑（陈、基姆和姚，2017），CEO 和董事长是否两职合一（陈习定、叶志强、周志波和张芳芳，2017），公司高管的薪酬结构（黄庆华、刘烨、张芳芳和陈习定，2017）等。

本章认为，PMREM 与上市公司未来股价崩盘风险显著正相关，因为 PMREM 可能会对投资者隐藏坏消息并促使公司管理层做出次优决策。首先，PMREM 降低了上市公司的透明度。当上市公司实施极端的真实活动时，商业进程会发生巨大的改变。PMREM 使得利益相关者觉察和监督公司的难度大幅度上升（因为缺乏同行业的比较），这有利于公司管理层囤积更多的负面消息。其次，PMREM 通常通过削减酌量性支出（例如市场营销支出或者研发支出）来实现，这可能会增加股价崩盘风险。因为无论是市场营销支出还是研发支出对企业未来的发展和竞争力均十分重要（贝雷斯金、许和罗滕贝格，2018；米齐克，2010）。许多实证证据均表明，为了达到甚至超越盈余目标，市场营销支出和研发支出通常首先被砍掉（格雷厄姆、哈维和拉杰帕尔，2005）。事实上，许多市场营销活动和研发活动对企业绩效均有着长期的影响，因此，需要上市公司实质性的支出而不是削减（米齐克，2010）。最后，PMREM 通过实施和延长净现值为负的项目增加了上市公司未来股价崩盘的风险。通过隐藏行为模型，本梅尔、坎德尔和韦罗内西（2010）的研究表明，当投资机会恶化的时候，公司高管有动力去投资净现值为负的投资项目以实现盈余目标。布莱克和刘（2007）认为，公司管理层有动力尽可能维持净现值为负的投资项目。公司高管会千方百计阻止投资者察觉并清算净现值为负的投资项目，特别是在早期的时候。这会导致这些净现值为负的项目长久维持直至资产价格崩盘。基于以上讨论，我们提出第一个假说。

H1：在其他条件等同的情况下，PMREM 增加了上市公司未来股价崩盘发生的可能性。

假说 H1 成立的关键点是 PMREM 有利于公司管理层对投资者隐藏坏消息或者是 PMREM 本身会创造坏消息。但是，公司管理层在不同的公司隐藏坏消息的难度是不同的。如果一个公司代理成本较高，那么该公司隐藏坏消息或者创造坏消息的成本相对较低，与之相对应的收益却相对较高（基姆和张，2016）。

我们认为，在代理成本较高的公司，PMREM 起到的作用将更大。因此，公司管理层更有可能隐藏或制造坏消息。基于以上讨论，我们提出第二个假说。

H2：在其他条件等同的情况下，PMREM 对股价崩盘风险的正向影响在高代理成本公司更明显。

4.3 样本和变量测度

4.3.1 样本和数据

我们所有的数据均来源于国泰安公司的中国股票市场和会计研究数据库（CSMAR）。我们的样本始于 1998 年，因为 PM-REM 的数据从 1998 年开始才可以测度①。我们的样本实际上是从 1999 年开始的，因为我们需要使用 1998 年的 PMREM 去预测 1999 年的股价崩盘风险。1999~2016 年一共有 34643 个公司年度（firm－year）观测值，我们剔除了年度周收益率少于 26 周的观测值、B 股观测值、金融服务公司的观测值、账面价值和总资产非正的观测值、无 PMREM 数据的观测值、无法获取控制变量的观测值。最终我们一共获得 22804 个公司年度观测值。表 4－1 给出了样本发展的细节。

---

① 测度 PMREM 需要使用现金流量表，中国上市公司从 1998 年开始才需要公布现金流量表。

表 4 - 1	样本发展
	#公司年度观测值
1999 ~ 2016 年所有公司年度观测值	34643
剔除以下观测值：	
年度周收益率少于 26 周	3111
B 股	2030
金融服务公司	746
账面价值和总资产非正	565
无 PMREM 数据	3898
无法获取控制变量的观测值	1489
最终样本	22804

4.3.2　股价崩盘风险的测度

参考之前的文献（卡伦和方，2013；陈、洪和斯特恩，2001；赫顿，马库斯和德拉尼亚，2009；靳和梅尔斯，2006），我们构建两种股价崩盘风险指标。

首先，利用股票 j 的周收益数据，根据模型（4 - 1）计算股票 j 的公司特定周收益率（firm-specific weekly returns，用 W 表示）。W 等于式（4 - 1）模型回归中的残差加上 1 的自然对数。

$$\gamma_{j,\tau} = \alpha_j + \beta_{1j}\gamma_{m,\tau-1} + \beta_{2j}\gamma_{i,\tau-1} + \beta_{3j}\gamma_{m,\tau}$$
$$+ \beta_{4j}\gamma_{i,\tau} + \beta_{5j}\gamma_{m,\tau+1} + \beta_{6j}\gamma_{i,\tau+1} + \varepsilon_{j,\tau} \quad (4-1)$$

具体来说，$\gamma_{j,\tau}$ 是股票 j 在周 τ 的收益率；$\gamma_{m,\tau}$ 是 A 股所有股

票经流通市值加权后在周 τ 的收益率；$\gamma_{i,\tau}$ 是行业（行业划分根据中国证监会 2001 行业分类标准而得）i 所有股票经流通市值加权后在周 τ 的收益率。股票 j 在周 τ 的特定周收益率可以表示为：

$$W_{j,\tau} = \ln \left(1 + \hat{\varepsilon}_{j,\tau} \right)$$

其中，$\hat{\varepsilon}_{j,\tau}$ 为式（4-1）回归后的残差。

本章使用的第一个衡量股价崩盘风险的指标是股票 j 的公司特定周收益率的负偏度（$NCSKEW_{j,t}$），具体来说，对于股票 j 在 t 年的负偏度可以表示如下：

$$NCSKEW_{j,t} = - \left[n \left(n - 1 \right)^{\frac{3}{2}} \sum W_{j,\tau}^3 \right] / \left[\left(n - 1 \right) \right.$$
$$\left. \left(n - 2 \right) \left(\sum W_{j,\tau}^2 \right)^{3/2} \right] \qquad (4-2)$$

其中，n 是股票 j 在 t 年特定周收益率的观察数目，负偏度越高代表股价崩盘风险越大。

本章使用的第二个衡量股价崩盘风险的指标是股价上升和下降阶段波动性的差异（DUVOL），具体计算公式如下：

$$DUVOL_{j,t} = \ln \left[\left(n_u - 1 \right) \sum_{Down} W_{j,\tau}^2 \right] / \left[\left(n_d - 1 \right) \sum_{up} W_{j,\tau}^2 \right]$$
$$(4-3)$$

其中，n_u（n_d）分别为股票 j 的特定周收益率 $W_{j,\tau}$ 大于（小于）年平均特定周收益率的周数。DUVOL 数值越高代表股价崩盘风险越大。

4.4　实证结果

4.4.1　描述性统计

表 4 - 2 给出了各主要变量的描述性统计。附录 A 给出了各变量的详细定义。股价崩盘风险指标 $NCSKEW_{t+1}$ 和 $DUVOL_{t+1}$ 的均值分别为 -0.272 和 -0.183。$NCSKEW_{t+1}$ 和 $DUVOL_{t+1}$ 的均值和中值与许、李、袁和陈（2014）非常相似。ABSPMRM1 与 ABSPMRM2 的均值分别为 0.148 和 0.105。

表 4 - 2　　　　　　　　　　描述性统计

Variables	N	Mean	Std. dev	5%	25%	Median	75%	95%
Crash risk								
$NCSKEW_{t+1}$	22804	-0.272	0.710	-1.465	-0.651	-0.243	0.139	0.784
$DUVOL_{t+1}$	22804	-0.183	0.488	-0.970	-0.500	-0.188	0.127	0.616
PMREM								
$ABSPMRM1_t$	22804	0.148	0.177	0.000	0.038	0.096	0.196	0.469
$ABSPMRM2_t$	22804	0.105	0.103	0.000	0.030	0.075	0.147	0.308
Controls								
$DTURN_t$	22804	0.044	0.200	-0.259	-0.049	0.017	0.125	0.413
$NCSKEW_t$	22804	-0.253	0.699	-1.406	-0.630	-0.228	0.148	0.799
$SIGMA_t$	22804	0.045	0.019	0.021	0.032	0.042	0.055	0.081
RET_t	22804	-0.118	0.110	-0.324	-0.149	-0.086	-0.049	-0.021
$LNSIZE_t$	22804	22.159	1.025	20.662	21.458	22.060	22.755	23.987

续表

Variables	N	Mean	Std. dev	5%	25%	Median	75%	95%
MTB_t	22804	4.500	23.168	1.008	1.785	2.798	4.587	10.177
LEV_t	22804	0.475	0.198	0.137	0.328	0.484	0.625	0.791
ROA_t	22804	0.032	0.078	-0.063	0.011	0.031	0.058	0.117
$ABSPMDA_t$	22804	0.081	0.083	0.000	0.024	0.058	0.112	0.246

4.4.2 对假说 H1 的检验

为了检验 PMREM 对未来股价崩盘风险的影响（H1），我们使用的估计模型如下：

$$CrashRisk_{t+1} = \alpha_0 + \alpha_1 PMREM_t + \sum_k \alpha_k Controls_t^k + \varepsilon_t$$

$$(4-4)$$

其中，估计崩盘风险（crash risk）用 $NCSKEW_{t+1}$ 或 $DUVOL_{t+1}$ 来测度。我们感兴趣的变量为 PMREM，假说 H1 预测 $PMREM_t$ 的系数为正。

为了保证 PMREM 对未来股价崩盘风险的影响不受其他因素的影响，我们根据已有文献控制了一系列的变量（陈、洪和斯特恩，2001；赫顿、马库斯和德拉尼亚，2009；基姆、李和张，2011）。具体来说，控制变量的集合包括 $DTURN_t$、$NCSKEW_t$、$SIGMA_t$、RET_t、$LNSIZE_t$、MTB_t、LEV_t、ROA_t、$ABSPMDA_t$。变量 $DTURN_t$ 为股票换手率的变化，等于股票 t 年度的月均换手率减去 t-1 年度的月均换手率的差除以 t 年度的月均换手率，代表了投资者的异质信念（陈、洪和斯特恩，

2001)。变量 $NCSKEW_t$ 为公司 t 年度特定周收益率的负偏度。变量 $SIGMA_t$ 为公司 t 年度特定周收益率的标准差。变量 RET_t 为公司 t 年度特定周收益率的平均值。变量 $LNSIZE_t$ 是公司 t 年度年末市值的自然对数。变量 MTB_t 是公司 t 年度市值账面价值比。变量 LEV_t 是公司 t 年度的总负债率。变量 ROA_t 是公司 t 年度的资产收益率。变量 $ABSPMDA_t$ 是与盈余表现匹配后的可操控应计项目的绝对值。

在所有的回归中，我们均使用行业哑变量和年度哑变量来控制行业效应和年度效应。为减少自相关和异方差对实证结果的影响，回归中的标准差均聚集（cluster）在企业层面上。附录 A 给出了上述变量更具体的定义。

表 4 – 3 给出了对假说 H1 检验的实证结果。样本规模和调整后的 R^2 报告在表的最后两行。第（1）列和第（2）列的因变量为 $NCSKEW_{t+1}$。第（1）列的回归结果显示，ABSPMRM1 的系数在 5% 的水平上显著为正（0.065 且 t = 2.37）。第（2）列的回归结果显示，ABSPMRM2 的系数在 1% 的水平上显著为正（0.248 且 t = 4.36）。第（1）列和第（2）列的实证结果表明 PMREM 与未来股价崩盘风险显著正相关，从而证明了假说 H1。

第（3）列和第（4）列的因变量为 $DUVOL_{t+1}$。第（3）列的回归结果显示，ABSPMRM1 的系数在 5% 的水平上显著为正（0.045 且 t = 2.42）。第（4）列的回归结果显示，ABSPMRM2 的系数在 1% 的水平上显著为正（0.149 且 t = 3.90）。第（3）列和第（4）列的实证结果同样表明 PMREM 与未来股价崩盘风险显著正相关，从而证明了假说 H1。

表4-3　　　　　　PMREM 与股价崩盘风险（H1）

	(1) NCSKEW$_{t+1}$	(2) NCSKEW$_{t+1}$	(3) DUVOL$_{t+1}$	(4) DUVOL$_{t+1}$
ABSPMRM1$_t$	0.065 ** (2.37)		0.045 ** (2.42)	
ABSPMRM2$_t$		0.248 *** (4.36)		0.149 *** (3.90)
DTURN$_t$	-0.124 *** (-3.78)	-0.123 *** (-3.76)	-0.079 *** (-3.62)	-0.079 *** (-3.60)
NCSKEW$_t$	0.040 *** (5.65)	0.039 *** (5.62)	0.028 *** (6.18)	0.028 *** (6.16)
SIGMA$_t$	8.802 *** (7.70)	8.801 *** (7.72)	5.294 *** (6.91)	5.299 *** (6.93)
RET$_t$	0.891 *** (4.69)	0.891 *** (4.70)	0.496 *** (3.90)	0.496 *** (3.91)
LNSIZE$_t$	0.030 *** (4.86)	0.029 *** (4.79)	0.010 ** (2.37)	0.010 ** (2.32)
MTB$_t$	0.000 (1.11)	0.000 (1.00)	0.000 (0.95)	0.000 (0.87)
LEV$_t$	-0.066 ** (-2.49)	-0.064 ** (-2.42)	-0.028 (-1.50)	-0.027 (-1.44)
ROA$_t$	-0.027 (-0.43)	-0.031 (-0.49)	-0.004 (-0.09)	-0.005 (-0.11)
ABSPMDA$_t$	0.098 * (1.76)	-0.058 (-0.85)	0.056 (1.44)	-0.035 (-0.75)
N	22804	22804	22804	22804
Adjusted R^2	0.075	0.076	0.078	0.078

注：（1）括号内为 t 统计量。

（2）为减少自相关和异方差对实证结果的影响，回归中的标准差均聚集（cluster）在企业层面上。

（3）在所有的回归中，我们使用行业哑变量和年度哑变量来控制行业效应和年度效应。

（4）*** 、** 和 * 分别表示在1%，5%和10%的水平上显著。

（5）所有变量在附录 A 中均有详细定义。

再来看控制变量。第一，控制变量的回归系数总体上与之前的研究一致（陈、洪和斯特恩，2001；基姆、李和张，2011），如 NCSKEW、SIGMA、RET、LNSIZE 与未来股价崩盘风险显著正相关。第二，先前的文献应计项目盈余操控与未来股价崩盘风险正相关（赫顿、马库斯和德拉尼亚，2009；基姆、李和张，2011），但我们发现变量 ABSPMDA 仅仅在表 4 - 3 第（1）列边际显著（0.098 且 t = 1.76），从第（2）列到第（4）列并不显著。这意味着在控制了 PMREM 后，应计项目盈余操控对未来股价崩盘风险的预测能力被稀释[①]。

总之，表 4 - 3 的实证结果强烈支持了假说 H1，表明与盈余表现匹配后的真实活动盈余操控变量增加了未来股价崩盘的风险。我们使用不同的方法测度真实活动盈余操控变量或股价崩盘风险，发现上述结果是稳健的。

4.4.3　对假说 H2 的检验

假说 H2 预测在其他条件等同的情况下，PMREM 对股价崩盘风险的正向影响在高代理成本公司更明显。为了检验该假说，我们以管理费用比率和资产周转率作为代理成本的代理变量。

（1）管理费用比率。

第一个代理成本的变量为管理费用与销售收入的比率，这与昂、科尔和林（2000）的研究相似。管理费用是指企业的行政管理部门为管理和组织经营而发生的各项费用，包括管理人

[①]　虽然没有将表列出来，我们发现如果将 PMREM 去掉，ABSPMDA 在所有四列均显著为正。

员薪金、材料消耗、低值易耗品摊销、办公费用和差旅费用、经营租赁等。管理费用包括工资，这是企业管理层收益的重要来源。此外，管理费用可能反映管理层对公司资源的自由裁量权，包括租金、水电费、租赁费以及花在办公楼、家具、汽车和其他类似设施上的费用。最后，管理层也可能利用研发支出伪装获取财务补贴。因此，更高的管理费用比率往往意味着更高的代理成本。根据假说 H2，我们预期 PMREM 对股价崩盘风险的正向影响在管理费用比率较高的公司更加明显。

表 4-4 给出了回归结果，第（1）列和第（3）列的样本为管理费用比率高于中值的样本，第（2）列和第（4）列的样本为管理费用比率低于或等于中值的样本。Panel A 的因变量为 $NCSKEW_{t+1}$。第（1）列和第（2）列使用 ABSPMRM1 作为 PMREM 的代理变量时，PMREM 对公司未来股价崩盘风险的正向影响在管理费用比率较高的公司（0.089 且 t=2.21）比管理费用比率较低的公司（0.030 且 t=0.79）系数规模更大且显著性更强。第（3）列和第（4）列使用 ABSPMRM2 作为 PMREM 的代理变量时，PMREM 对公司未来股价崩盘风险的正向影响在管理费用比率较高的公司（0.293 且 t=3.65）比管理费用比率较低的公司（0.179 且 t=2.22）系数同样规模更大且显著性更强。

表 4-4　PMREM 与股价崩盘风险：基于管理费用比率的分类（H2）

	(1)	(2)	(3)	(4)
	Panel A：因变量为 $NCSKEW_{t+1}$			
	高	低	高	低
$ABSPMRM1_t$	0.089 ** (2.21)	0.030 (0.79)		
$ABSPMRM2_t$			0.293 *** (3.65)	0.179 ** (2.22)

续表

	（1）	（2）	（3）	（4）
Panel A：因变量为 NCSKEW$_{t+1}$				
	高	低	高	低
DTURN$_t$	−0.141***	−0.100**	−0.141***	−0.099**
	（−3.06）	（−2.14）	（−3.06）	（−2.11）
NCSKEW$_t$	0.040***	0.037***	0.040***	0.037***
	（4.20）	（3.71）	（4.19）	（3.69）
SIGMA$_t$	8.100***	9.647***	8.107***	9.642***
	（4.99）	（6.19）	（5.02）	（6.19）
RET$_t$	0.696***	1.197***	0.696***	1.198***
	（2.65）	（4.55）	（2.66）	（4.55）
LNSIZE$_t$	0.035***	0.028***	0.033***	0.028***
	（3.79）	（3.34）	（3.67）	（3.33）
MTB$_t$	0.000	0.001*	0.000	0.001
	（0.15）	（1.67）	（0.02）	（1.64）
LEV$_t$	−0.047	−0.056	−0.047	−0.054
	（−1.26）	（−1.45）	（−1.24）	（−1.42）
ROA$_t$	−0.067	0.216	−0.069	0.208
	（−0.86）	（1.41）	（−0.90）	（1.37）
ABSPMDA$_t$	0.035	0.159**	−0.143	0.037
	（0.41）	（2.17）	（−1.36）	（0.39）
N	11401	11403	11401	11403
Adjusted R^2	0.077	0.073	0.078	0.073
Panel B：因变量为 DUVOL$_{t+1}$				
	高	低	高	低
ABSPMRM1$_t$	0.062**	0.020		
	（2.27）	（0.78）		
ABSPMRM2$_t$			0.167***	0.117**
			（3.06）	（2.24）

	(1)	(2)	(3)	(4)
	Panel B：因变量为 DUVOL$_{t+1}$			
	高	低	高	低
DTURN$_t$	-0.085 ***	-0.068 **	-0.085 ***	-0.067 **
	(-2.79)	(-2.15)	(-2.81)	(-2.12)
NCSKEW$_t$	0.034 ***	0.021 ***	0.033 ***	0.021 ***
	(5.36)	(3.22)	(5.35)	(3.20)
SIGMA$_t$	4.905 ***	5.633 ***	4.912 ***	5.630 ***
	(4.42)	(5.55)	(4.44)	(5.55)
RET$_t$	0.377 **	0.666 ***	0.377 **	0.666 ***
	(2.11)	(3.92)	(2.12)	(3.92)
LNSIZE$_t$	0.010	0.010 *	0.009	0.010 *
	(1.53)	(1.77)	(1.47)	(1.76)
MTB$_t$	0.000	0.001	-0.000	0.001
	(0.06)	(1.63)	(-0.06)	(1.60)
LEV$_t$	-0.016	-0.014	-0.016	-0.013
	(-0.60)	(-0.52)	(-0.60)	(-0.49)
ROA$_t$	-0.054	0.287 ***	-0.053	0.281 ***
	(-0.82)	(2.68)	(-0.83)	(2.67)
ABSPMDA$_t$	0.007	0.099 **	-0.089	0.019
	(0.12)	(1.97)	(-1.24)	(0.31)
N	11401	11403	11401	11403
Adjusted R^2	0.082	0.074	0.082	0.074

注：（1）"高"或"低"意味着管理费用比率高于中值或低于等于中值。

（2）括号内为 t 统计量。

（3）为减少自相关和异方差对实证结果的影响，回归中的标准差均聚集（cluster）在企业层面上。

（4）在所有的回归中，我们使用行业哑变量和年度哑变量来控制行业效应和年度效应。

（5）*** ，** 和 * 分别表示在1% ，5% 和10% 的水平上显著。

（6）所有变量在附录 A 中均有详细定义。

Panel B 的因变量为 $DUVOL_{t+1}$。第（1）列和第（2）列使用 ABSPMRM1 作为 PMREM 的代理变量时，PMREM 对公司未来股价崩盘风险的正向影响在管理费用比率较高的公司（0.062 且 t = 2.27）比管理费用比率较低的公司（0.020 且 t = 0.78）系数规模更大且显著性更强。第（3）列和第（4）列使用 ABSPM-RM2 作为 PMREM 的代理变量时，PMREM 对公司未来股价崩盘风险的正向影响在管理费用比率较高的公司（0.167 且 t = 3.06）比管理费用比率较低的公司（0.117 且 t = 2.242）系数同样规模更大且显著性更强。

总之，表 4-4 的实证结果为假说 H2 提供了强烈的支持，表明 PMREM 对股价崩盘风险的正向影响在代理成本较高的公司（管理费用比率较高的公司）更加明显。

（2）资产周转率。

与昂、科尔和林（2000）一致，我们使用的第二个测度代理成本的变量是资产周转率，即销售收入与平均资产总额的比率。这个比率衡量高管有效使用资产的能力。高资产周转率表明在给定的资产水平下销售收入较高且最终产生大量的现金流。低资产周转率意味着管理层使用的资产不能产生现金流，因此有可能破坏企业的价值。较高的资产周转率经常被认定为有效管理资产并因此为股东创造价值，而较低的资产周转率则经常被认定为将公司的资产用于非生产性目的。因此，代理成本越大的公司，其资产周转率越低。根据假说 H2，我们预期 PM-REM 对股价崩盘风险的正向影响在资产周转率较低的公司更加明显。

表 4-5 给出了回归结果，第（1）列和第（3）列的样本为资产周转率高于中值的样本，第（2）列和第（4）列的样本为资产周转率低于或等于中值的样本。Panel A 的因变量为 NC-

$SKEW_{t+1}$。第（1）列和第（2）列使用 ABSPMRM1 作为 PM-REM 的代理变量时，PMREM 对公司未来股价崩盘风险的正向影响在资产周转率较低的公司（0.111 且 t = 2.68）比资产周转率较高的公司（0.019 且 t = 0.50）系数规模更大且显著性更强。第（3）列和第（4）列使用 ABSPMRM2 作为 PMREM 的代理变量时，PMREM 对公司未来股价崩盘风险的正向影响在资产周转率较低的公司（0.378 且 t = 3.84）比资产周转率较高的公司（0.166 且 t = 2.32）系数规模更大且显著性更强。

表 4 – 5   PMREM 与股价崩盘风险：基于资产周转率的分类（H2）

	（1）	（2）	（3）	（4）
	Panel A：因变量为 $NCSKEW_{t+1}$			
	高	低	高	低
$ABSPMRM1_t$	0.019 (0.50)	0.111 *** (2.68)		
$ABSPMRM2_t$			0.166 ** (2.32)	0.378 *** (3.84)
$DTURN_t$	− 0.112 ** (− 2.37)	− 0.137 *** (− 3.03)	− 0.110 ** (− 2.33)	− 0.137 *** (− 3.04)
$NCSKEW_t$	0.034 *** (3.33)	0.043 *** (4.32)	0.033 *** (3.31)	0.042 *** (4.28)
$SIGMA_t$	8.279 *** (4.41)	9.133 *** (6.28)	8.256 *** (4.42)	9.141 *** (6.29)
RET_t	0.838 *** (2.59)	0.921 *** (3.98)	0.836 *** (2.60)	0.920 *** (3.97)
$LNSIZE_t$	0.041 *** (4.85)	0.020 ** (2.23)	0.040 *** (4.76)	0.020 ** (2.18)
MTB_t	0.000 (1.14)	0.000 (0.25)	0.000 (1.06)	0.000 (0.20)

续表

	（1）	（2）	（3）	（4）
Panel A：因变量为 NCSKEW$_{t+1}$				
	高	低	高	低
LEV$_t$	−0.113***	−0.016	−0.110***	−0.012
	（−2.88）	（−0.43）	（−2.81）	（−0.31）
ROA$_t$	0.104	−0.117	0.096	−0.119
	（1.02）	（−1.00）	（0.95）	（−1.05）
ABSPMDA$_t$	0.119	0.063	0.002	−0.164
	（1.59）	（0.76）	（0.02）	（−1.48）
N	11402	11402	11402	11402
Adjusted R^2	0.070	0.082	0.071	0.082
Panel B：因变量为 DUVOL$_{t+1}$				
	高	低	高	低
ABSPMRM1$_t$	0.027	0.063**		
	（1.03）	（2.31）		
ABSPMRM2$_t$			0.106**	0.225***
			（2.22）	（3.34）
DTURN$_t$	−0.096***	−0.064**	−0.095***	−0.064**
	（−3.08）	（−2.08）	（−3.05）	（−2.08）
NCSKEW$_t$	0.024***	0.031***	0.024***	0.030***
	（3.67）	（4.67）	（3.66）	（4.63）
SIGMA$_t$	5.167***	5.337***	5.167***	5.341***
	（4.32）	（5.41）	（4.33）	（5.42）
RET$_t$	0.490**	0.494***	0.491**	0.493***
	（2.37）	（3.14）	（2.39）	（3.14）
LNSIZE$_t$	0.020***	0.001	0.020***	0.001
	（3.52）	（0.14）	（3.48）	（0.09）
MTB$_t$	0.000	0.000	0.000	0.000
	（0.77）	（0.69）	（0.70）	（0.65）
LEV$_t$	−0.055**	0.004	−0.054**	0.007
	（−2.05）	（0.17）	（−2.02）	（0.27）

续表

	（1）	（2）	（3）	（4）
Panel B：因变量为 DUVOL$_{t+1}$				
	高	低	高	低
ROA$_t$	0.083 (1.35)	－0.054 (－0.59)	0.082 (1.33)	－0.056 (－0.63)
ABSPMDA$_t$	0.076 (1.46)	0.028 (0.48)	0.008 (0.12)	－0.109 (－1.43)
N	11402	11402	11402	11402
Adjusted R^2	0.072	0.086	0.072	0.087

注：（1）"高"或"低"意味着资产周转率高于中值或低于等于中值。

（2）括号内为 t 统计量。

（3）为减少自相关和异方差对实证结果的影响，回归中的标准差均聚集（cluster）在企业层面上。

（4）在所有的回归中，我们使用行业哑变量和年度哑变量来控制行业效应和年度效应。

（5）***，** 和 * 分别表示在 1%，5% 和 10% 的水平上显著。

（6）所有变量在附录 A 中均有详细定义。

Panel B 的因变量为 DUVOL$_{t+1}$。第（1）列和第（2）列使用 ABSPMRM1 作为 PMREM 的代理变量时，PMREM 对公司未来股价崩盘风险的正向影响在资产周转率较低的公司（0.063 且 t = 2.31）比资产周转率较高的公司（0.027 且 t = 1.03）系数规模更大且显著性更强。第（3）列和第（4）列使用 ABSPMRM2 作为 PMREM 的代理变量时，PMREM 对公司未来股价崩盘风险的正向影响在资产周转率较低的公司（0.225 且 t = 3.34）比资产周转率较高的公司（0.106 且 t = 2.22）系数规模更大且显著性更强。

总之，表 4 - 5 的实证结果为假说 H2 提供了强烈的支持，表明 PMREM 对股价崩盘风险的正向影响在代理成本较高的公司（资产周转率较低的公司）更加明显。

4.5　稳健性检验

4.5.1　工具变量回归

虽然我们在先前的回归分析中明确地控制了一系列变量，但 PMREM 与股价崩盘风险之间仍有可能存在内生性问题。公司特质使得公司具有较高的 PMREM 和股价崩盘风险，这会造成 PMREM 与股价崩盘风险的伪相关。为了解决上述问题，我们使用工具变量回归。

借鉴许、李、袁和陈（2014），我们采用相同年度同行业以及相同年度同地区（省级行政单位层面）所有公司 PMREM 的均值（分别为 Industry-averagePMREM 和 Province-averagePM-REM），作为 PMREM 的工具变量。我们认为，这两个工具变量满足相关性和外生性的要求：从相关性来看，同行业或同地区的公司面临类似的行业特征与外部环境，因而它与特定公司的 PMREM 具有一定的相关性。而目前尚无研究表明同行业或同地区所有公司 PMREM 的均值会影响特定公司的未来股价崩盘风险，故满足外生性原则。相关统计检验的结果也说明这两个工具变量的选择是合理的。

表 4 - 6 给出了 2SLS 回归结果。第（1）列和第（2）列报告了因变量为 PMREM 在第一阶段的回归结果。与我们预期的一致，两个工具变量（Industry-averagePMREM 和 Province-aver-agePMREM）均在 1% 水平上与 PMREM 显著正相关。

第（3）～第（6）列报告了第二阶段的回归结果。第（3）列和第（4）列的因变量为 $NCSKEW_{t+1}$，可以看到，在控制了可能存在的内生性后，ABSPMRM1 和 ABSPMRM2 均与未来股价崩盘风险显著正相关。第（5）列和第（6）列的因变量为 $DUVOL_{t+1}$，可以看到，在控制了可能存在的内生性后，ABSPMRM1 和 ABSPMRM2 仍与未来股价崩盘风险显著正相关。

表 4 – 6　　　　PMREM 与股价崩盘风险：2SLS 回归结果

	(1) $ABSPMRM1_t$ 1st Stage	(2) $ABSPMRM2_t$ 1st Stage	(3) $NCSKEW_{t+1}$ 2nd – Stage	(4) $NCSKEW_{t+1}$ 2nd – Stage	(5) $DUVOL_{t+1}$ 2nd – Stage	(6) $DUVOL_{t+1}$ 2nd – Stage
Instrumented AB-SPMRM1$_t$			0.829 ** (2.17)		0.587 ** (2.24)	
Instrumented AB-SPMRM2$_t$				2.428 * (1.76)		1.808 * (1.90)
Industry-average ABSPMRM1$_t$	0.516 *** (10.91)					
Province-average-ABSPMRM1$_t$	0.054 *** (2.90)					
Industry-average ABSPMRM2$_t$		0.267 *** (6.25)				
Province-average ABSPMRM2$_t$		0.067 *** (3.60)				
DTURN$_t$	− 0.029 *** (− 3.82)	− 0.011 *** (− 3.09)	− 0.102 *** (− 2.99)	− 0.099 *** (− 2.73)	− 0.063 *** (− 2.68)	− 0.060 ** (− 2.39)
NCSKEW$_t$	0.004 ** (2.55)	0.002 ** (2.34)	0.036 *** (5.07)	0.035 *** (4.71)	0.026 *** (5.32)	0.025 *** (4.87)
SIGMA$_t$	0.724 *** (2.99)	0.200 * (1.73)	8.235 *** (7.82)	8.370 *** (7.86)	4.899 *** (6.77)	4.976 *** (6.76)

续表

	(1) ABSPMRM1$_t$ 1st Stage	(2) ABSPMRM2$_t$ 1st Stage	(3) NCSKEW$_{t+1}$ 2nd – Stage	(4) NCSKEW$_{t+1}$ 2nd – Stage	(5) DUVOL$_{t+1}$ 2nd – Stage	(6) DUVOL$_{t+1}$ 2nd – Stage
RET$_t$	0. 101 ** (2. 57)	0. 027 (1. 46)	0. 815 *** (4. 85)	0. 834 *** (4. 91)	0. 444 *** (3. 84)	0. 455 *** (3. 87)
LNSIZE$_t$	0. 012 *** (8. 62)	0. 005 *** (7. 50)	0. 021 *** (2. 78)	0. 018 ** (2. 04)	0. 004 (0. 72)	0. 002 (0. 28)
MTB$_t$	0. 000 ** (2. 05)	0. 000 *** (5. 08)	0. 000 (0. 68)	– 0. 000 (– 0. 25)	0. 000 (0. 66)	– 0. 000 (– 0. 35)
LEV$_t$	– 0. 022 *** (– 3. 52)	– 0. 014 *** (– 4. 78)	– 0. 048 * (– 1. 78)	– 0. 033 (– 1. 02)	– 0. 015 (– 0. 79)	– 0. 003 (– 0. 12)
ROA$_t$	0. 218 *** (14. 19)	0. 071 *** (9. 73)	– 0. 192 * (– 1. 83)	– 0. 187 (– 1. 58)	– 0. 121 * (– 1. 68)	– 0. 123 (– 1. 51)
ABSPMDA$_t$	0. 498 *** (36. 64)	0. 762 *** (117. 59)	– 0. 286 (– 1. 43)	– 1. 723 (– 1. 64)	– 0. 216 (– 1. 57)	– 1. 302 * (– 1. 79)
N	22784	22784	22784	22784	22784	22784
Adjusted R^2	0. 118	0. 410	0. 043	0. 016	0. 044	0. 005

注：（1）括号内为 t 统计量。

（2）为减少自相关和异方差对实证结果的影响，回归中的标准差均聚集（cluster）在企业层面上。

（3）在所有的回归中，我们使用行业哑变量和年度哑变量来控制行业效应和年度效应。

（4）***，** 和 * 分别表示在 1%，5% 和 10% 的水平上显著。

（5）所有变量在附录 A 中均有详细定义。

4.5.2　进一步控制其他因素的影响

为缓解遗漏变量可能导致的内生性问题，借鉴许、李、袁和陈（2014）与李、王和王（2017）的研究，我们进一步控制了一系列其他因素：是否为国有企业（SOE），会计稳健性（CSCORE），机构投资者持股比例（INS），分析师覆盖人数（ANALYST），是否同时在香港上市（HKLIST）和审计师是否来自四大会计师事务所（BIG4）。

表 4 - 7 给出了回归结果。第（1）列和第（2）列的因变量为 $NCSKEW_{t+1}$。第（1）列的回归结果显示，ABSPMRM1 的系数在 5% 的水平上显著为正（0.063 且 t = 2.12）。第（2）列的回归结果显示，ABSPMRM2 的系数在 1% 的水平上显著为正（0.232 且 t = 3.65）。第（3）列和第（4）列的因变量为 $DUVOL_{t+1}$。第（3）列的回归结果显示，ABSPMRM1 的系数在 5% 的水平上显著为正（0.041 且 t = 1.99）。第（4）列的回归结果显示，ABSPMRM2 的系数在 1% 的水平上显著为正（0.144 且 t = 3.33）。表 4 - 7 的实证结果表明 PMREM 与未来股价崩盘风险显著正相关，从而再次证明了假说 H1。总体来看，增加了新的控制变量后，PMREM 系数的规模和显著性均没有发生实证性改变，这说明 PMREM 与未来股价崩盘风险正相关的关系不受上述新增控制变量的影响。

表 4 - 7　　　　　　　　进一步控制其他因素的影响

	（1） $NCSKEW_{t+1}$	（2） $NCSKEW_{t+1}$	（3） $DUVOL_{t+1}$	（4） $DUVOL_{t+1}$
$ABSPMRM1_t$	0.063 ** (2.12)		0.041 ** (1.99)	
$ABSPMRM2_t$		0.232 *** (3.65)		0.144 *** (3.33)
$DTURN_t$	- 0.062 * (- 1.70)	- 0.062 * (- 1.68)	- 0.064 ** (- 2.52)	- 0.064 ** (- 2.51)
$NCSKEW_t$	0.033 *** (4.08)	0.033 *** (4.08)	0.025 *** (4.55)	0.025 *** (4.55)

续表

	(1) NCSKEW$_{t+1}$	(2) NCSKEW$_{t+1}$	(3) DUVOL$_{t+1}$	(4) DUVOL$_{t+1}$
SIGMA$_t$	7.737 *** (4.93)	7.709 *** (4.94)	4.843 *** (4.65)	4.828 *** (4.65)
RET$_t$	0.744 *** (2.62)	0.739 *** (2.61)	0.430 ** (2.27)	0.427 ** (2.26)
LNSIZE$_t$	0.005 (0.64)	0.006 (0.66)	−0.005 (−0.79)	−0.005 (−0.77)
MTB$_t$	0.000 (1.47)	0.000 (1.35)	0.000 (0.71)	0.000 (0.60)
LEV$_t$	−0.004 (−0.13)	−0.002 (−0.05)	0.010 (0.45)	0.012 (0.52)
ROA$_t$	−0.109 (−1.34)	−0.111 (−1.39)	−0.044 (−0.72)	−0.045 (−0.75)
ABSPMDA$_t$	0.083 (1.36)	−0.061 (−0.80)	0.046 (1.05)	−0.043 (−0.81)
SOE$_t$	−0.043 *** (−3.55)	−0.043 *** (−3.57)	−0.033 *** (−3.97)	−0.033 *** (−3.99)
CSCORE$_t$	−0.049 *** (−5.70)	−0.049 *** (−5.73)	−0.027 *** (−4.50)	−0.027 *** (−4.53)
INS$_t$	0.136 *** (2.64)	0.133 *** (2.59)	0.053 (1.47)	0.051 (1.43)
ANALYST$_t$	0.042 *** (6.36)	0.041 *** (6.23)	0.028 *** (6.06)	0.028 *** (5.96)
HKLIST$_t$	−0.006 (−0.16)	−0.006 (−0.16)	0.004 (0.17)	0.004 (0.17)
BIG4$_t$	−0.019 (−0.82)	−0.019 (−0.81)	0.003 (0.18)	0.003 (0.19)

续表

	(1) NCSKEW$_{t+1}$	(2) NCSKEW$_{t+1}$	(3) DUVOL$_{t+1}$	(4) DUVOL$_{t+1}$
N	17245	17245	17245	17245
Adjusted R^2	0.082	0.082	0.084	0.085

注：（1）括号内为 t 统计量。

（2）为减少自相关和异方差对实证结果的影响，回归中的标准差均聚集（cluster）在企业层面上。

（3）在所有的回归中，我们使用行业哑变量和年度哑变量来控制行业效应和年度效应。

（4）***，** 和 * 分别表示在 1%，5% 和 10% 的水平上显著。

（5）所有变量在附录 A 中均有详细定义。

再来看新控制变量的回归系数。第一，在所有回归中，国有企业系数在 1% 的水平上均显著为负，这表明拥有国有产权的企业未来股价崩盘风险大幅度下降。第二，与基姆和张（2016）相似，会计稳健性同样降低了中国上市公司未来股价崩盘的风险。第三，外部监督（包括分析师覆盖和机构投资者持股比例）会增加上市公司未来股价崩盘的风险，可能是外部监督给上市公司带来的压力效应大于监督效应。

4.5.3　单个真实活动盈余操控变量

前面实证分析使用的真实活动盈余操控变量均为综合性变量（ABSPMRM1 或 ABSPMRM2），考虑到单个真实活动盈余操控变量对股价崩盘风险的影响可能会有差异，因此，本节我们将使用单个真实活动盈余操控变量（ABSPMCFO、ABSPMPROD、ABSPMDISEXP）作为 PMREM 的代理变量。

表 4 - 8 Panel A 的因变量为 NCSKEW$_{t+1}$。第（1）列、第

（2）列和第（3）列分别使用 ABSPMCFO，ABSPMPROD 和 AB-SPMDISEXP 作为 PMREM 的代理变量。我们发现所有的单个真实活动盈余操控变量均与未来股价崩盘风险正相关，从而证明了假说 H1。我们同时发现 ABSPMCFO 和 ABSPMDISEXP 的系数在 1% 的水平上显著不为零，但 ABSPMPROD 的系数不显著。

表 4 - 8　　　　　　　单个真实活动盈余操控变量

	（1）	（2）	（3）
Panel A：因变量为 $NCSKEW_{t+1}$			
$ABSPMCFO_t$	0.311 ***		
	(3.16)		
$ABSPMPROD_t$		0.043	
		(1.25)	
$ABSPMDISEXP_t$			0.198 ***
			(2.70)
$DTURN_t$	− 0.125 ***	− 0.125 ***	− 0.124 ***
	(− 3.80)	(− 3.80)	(− 3.79)
$NCSKEW_t$	0.040 ***	0.040 ***	0.040 ***
	(5.68)	(5.67)	(5.62)
$SIGMA_t$	8.826 ***	8.823 ***	8.795 ***
	(7.73)	(7.71)	(7.70)
RET_t	0.897 ***	0.895 ***	0.888 ***
	(4.72)	(4.70)	(4.67)
$LNSIZE_t$	0.030 ***	0.030 ***	0.030 ***
	(4.97)	(4.93)	(4.84)
MTB_t	0.000	0.000	0.000
	(1.10)	(1.14)	(1.05)
LEV_t	− 0.068 **	− 0.068 **	− 0.063 **
	(− 2.56)	(− 2.55)	(− 2.40)
ROA_t	− 0.022	− 0.021	− 0.025
	(− 0.34)	(− 0.33)	(− 0.41)

	（1）	（2）	（3）
Panel A：因变量为 NCSKEW$_{t+1}$			
ABSPMDA$_t$	-0.108	0.110^{**}	0.111^{**}
	(-1.17)	(1.97)	(1.98)
N	22804	22804	22804
Adjusted R^2	0.075	0.075	0.075
Panel B：因变量为 DUVOL$_{t+1}$			
ABSPMCFO$_t$	0.165^{**}		
	(2.44)		
ABSPMPROD$_t$		0.034	
		(1.43)	
ABSPMDISEXP$_t$			0.125^{**}
			(2.50)
DTURN$_t$	-0.080^{***}	-0.079^{***}	-0.079^{***}
	(-3.65)	(-3.63)	(-3.63)
NCSKEW$_t$	0.029^{***}	0.029^{***}	0.028^{***}
	(6.21)	(6.20)	(6.15)
SIGMA$_t$	5.315^{***}	5.306^{***}	5.293^{***}
	(6.94)	(6.92)	(6.91)
RET$_t$	0.500^{***}	0.498^{***}	0.494^{***}
	(3.94)	(3.92)	(3.89)
LNSIZE$_t$	0.011^{**}	0.010^{**}	0.010^{**}
	(2.48)	(2.43)	(2.36)
MTB$_t$	0.000	0.000	0.000
	(0.94)	(0.97)	(0.91)
LEV$_t$	-0.029	-0.029	-0.026
	(-1.57)	(-1.56)	(-1.42)
ROA$_t$	0.001	-0.001	-0.002
	(0.02)	(-0.02)	(-0.05)
ABSPMDA$_t$	-0.049	0.062	0.066^{*}
	(-0.76)	(1.61)	(1.72)

续表

	（1）	（2）	（3）
Panel B：因变量为 DUVOL$_{t+1}$			
N	22804	22804	22804
Adjusted R^2	0.078	0.077	0.078

注：（1）括号内为 t 统计量。

（2）为减少自相关和异方差对实证结果的影响，回归中的标准差均聚集（cluster）在企业层面上。

（3）在所有的回归中，我们使用行业哑变量和年度哑变量来控制行业效应和年度效应。

（4）***，** 和 * 分别表示在 1%，5% 和 10% 的水平上显著。

（5）所有变量在附录 A 中均有详细定义。

表 4 – 8 中 Panel B 的因变量为 DUVOL$_{t+1}$。第（1）列、第（2）列和第（3）列分别使用 ABSPMCFO，ABSPMPROD 和 ABSPMDISEXP 作为 PMREM 的代理变量。我们发现所有的单个真实活动盈余操控变量均与未来股价崩盘风险正相关，从而证明了假说 H1。我们同时发现 ABSPMCFO 和 ABSPMDISEXP 的系数在 5% 的水平上显著不为零，但 ABSPMPROD 的系数仍不显著。

4.5.4　盈余操控变量的另一种测度

前面我们使用的盈余操控变量（无论是应计项目盈余操控变量还是真实活动盈余操控变量）均是年度观测值，但如果盈余操控的目标时间跨度超过一年，使用上述变量可能会有测量误差。例如，为了避免连续两年亏损而带上 ST 的帽子，上市公司可能会在第一年亏损时"大洗澡"，将第二年的亏损提前实现。基于以上考虑，我们参照赫顿、马库斯和德拉尼亚（2009）

的做法，将真实活动盈余操控变量 SUMRM, 定义为从 t-2 年到 t
年 ABSPMREM 的和，同时将应计项目盈余操控变量 SUMDA, 定
义为从 t-2 年到 t 年 ABSPMDA 的和，再对式（4-10）进行
回归。

　　表4-9 给出了相应的实证结果。第（1）列和第（2）列的
因变量为 NCSKEW$_{t+1}$。第（1）列的回归结果显示，SUMRM1
的系数在5%的水平上显著为正（0.037 且 t=2.39）。第（2）
列的回归结果显示，SUMRM2 的系数在1%的水平上显著为正
（0.118 且 t=3.74）。第（1）列和第（2）列的实证结果表明，
对 PMREM 使用了另一种测度后，PMREM 仍与未来股价崩盘风
险显著正相关，从而证明了假说 H1。

表4-9　　　　　　　盈余操控变量的另一种测度

	(1) NCSKEW$_{t+1}$	(2) NCSKEW$_{t+1}$	(3) DUVOL$_{t+1}$	(4) DUVOL$_{t+1}$
SUMRM1$_t$	0.037 ** (2.39)		0.023 ** (2.17)	
SUMRM2$_t$		0.118 *** (3.74)		0.067 *** (3.03)
DTURN$_t$	-0.133 *** (-3.76)	-0.131 *** (-3.85)	-0.093 *** (-4.02)	-0.090 *** (-4.00)
NCSKEW$_t$	0.038 *** (4.87)	0.039 *** (5.26)	0.027 *** (5.26)	0.028 *** (5.67)
SIGMA$_t$	8.429 *** (6.49)	8.237 *** (6.86)	5.161 *** (6.01)	5.106 *** (6.34)
RET$_t$	0.803 *** (3.76)	0.794 *** (4.01)	0.444 *** (3.16)	0.456 *** (3.44)
LNSIZE$_t$	0.028 *** (4.07)	0.027 *** (4.13)	0.009 * (1.88)	0.008 * (1.72)

续表

	(1) NCSKEW$_{t+1}$	(2) NCSKEW$_{t+1}$	(3) DUVOL$_{t+1}$	(4) DUVOL$_{t+1}$
MTB$_t$	0.000 (0.74)	0.000 (0.82)	0.000 (0.62)	0.000 (0.72)
LEV$_t$	−0.038 (−1.25)	−0.065** (−2.33)	−0.011 (−0.54)	−0.028 (−1.47)
ROA$_t$	−0.050 (−0.69)	−0.032 (−0.49)	−0.008 (−0.16)	0.001 (0.02)
SUMDA$_t$	0.068* (1.92)	−0.009 (−0.23)	0.034 (1.41)	−0.009 (−0.30)
N	17803	20248	17803	20248
Adjusted R^2	0.074	0.077	0.081	0.080

注：（1）括号内为 t 统计量。

（2）为减少自相关和异方差对实证结果的影响，回归中的标准差均聚集（cluster）在企业层面上。

（3）在所有的回归中，我们使用行业哑变量和年度哑变量来控制行业效应和年度效应。

（4）***，**和*分别表示在 1%，5% 和 10% 的水平上显著。

（5）所有变量在附录 A 中均有详细定义。

第（3）列和第（4）列的因变量为 DUVOL$_{t+1}$。第（3）列的回归结果显示，SUMRM1 的系数在 5% 的水平上显著为正（0.023 且 t = 2.17）。第（4）列的回归结果显示，SUMRM2 的系数在 1% 的水平上显著为正（0.067 且 t = 3.03）。第（3）列和第（4）列的实证结果同样表明，对 PMREM 使用了另一种测度后，PMREM 仍与未来股价崩盘风险显著正相关，从而证明了假说 H1。

总之，在使用另一种方法测度应计项目盈余操控和真实活动盈余操控后，我们仍发现与盈余表现匹配后的真实活动盈余操控变量增加了未来股价崩盘的风险，从而支持了假说 H1。表

4-9 的实证结果还表明，使用不同的方法测度真实活动盈余操控变量或股价崩盘风险，上述结果是稳健的。

4.5.5 更稳健的标准误算法

佩特松（2009）认为，对标准误在个体和时间上双重聚类（cluster）调整，能有效克服自相关和异方差等问题对统计推断的影响。为得到更稳健的结论，我们参照基姆、李和张（2011）的研究，采用双重聚类调整标准误来进行 t 检验。

表 4-10 给出了相应的实证结果。与表 4-3 的回归结果相比，ABSPMRM1 的 t 统计量轻微下滑 [第（1）栏从表 4-3 的 2.37 下滑到 2.31；第（3）栏从表 4-3 的 2.42 下滑到 2.32]，但 ABSPMRM2 的 t 统计量不降反升 [第（2）栏从表 4-3 的 4.36 上升到 5.33；第（4）栏从表 3 的 3.90 上升到 3.99]。总之，使用更稳健的标准误算法仍然支持前文的研究结论。

表 4-10　　　　　　更稳健的标准误算法

	(1) $NCSKEW_{t+1}$	(2) $NCSKEW_{t+1}$	(3) $DUVOL_{t+1}$	(4) $DUVOL_{t+1}$
$ABSPMRM1_t$	0.065** (2.31)		0.045** (2.32)	
$ABSPMRM2_t$		0.248*** (5.33)		0.149*** (3.99)
$DTURN_t$	-0.124* (-1.96)	-0.123* (-1.96)	-0.079*** (-2.95)	-0.079*** (-2.97)
$NCSKEW_t$	0.040*** (5.72)	0.039*** (5.72)	0.028*** (4.73)	0.028*** (4.73)

续表

	(1) NCSKEW$_{t+1}$	(2) NCSKEW$_{t+1}$	(3) DUVOL$_{t+1}$	(4) DUVOL$_{t+1}$
SIGMA$_t$	8.802 ***	8.801 ***	5.294 ***	5.299 ***
	(6.78)	(6.79)	(6.40)	(6.45)
RET$_t$	0.891 ***	0.891 ***	0.496 ***	0.496 ***
	(5.14)	(5.16)	(4.12)	(4.16)
LNSIZE$_t$	0.030 **	0.029 *	0.010	0.010
	(1.99)	(1.96)	(0.96)	(0.94)
MTB$_t$	0.000	0.000	0.000	0.000
	(1.06)	(0.97)	(0.80)	(0.73)
LEV$_t$	−0.066 **	−0.064 *	−0.028	−0.027
	(−2.01)	(−1.93)	(−1.13)	(−1.08)
ROA$_t$	−0.027	−0.031	−0.004	−0.005
	(−0.46)	(−0.52)	(−0.09)	(−0.11)
ABSPMDA$_t$	0.098 *	−0.058	0.056	−0.035
	(1.95)	(−1.10)	(1.48)	(−0.93)
N	22804	22804	22804	22804
Adjusted R^2	0.075	0.076	0.078	0.078

注：（1）括号内为 t 统计量。

（2）为减少自相关和异方差对实证结果的影响，回归中的标准差均聚集（cluster）在企业层面上。

（3）在所有的回归中，我们使用行业哑变量和年度哑变量来控制行业效应和年度效应。

（4）***，** 和 * 分别表示在 1%，5% 和 10% 的水平上显著。

（5）所有变量在附录 A 中均有详细定义。

4.5.6　更长的预测窗口

前面我们均是在检验真实活动盈余操控对未来一年股价崩

盘风险的预测能力，本节我们想考察真实活动盈余操控对未来股价崩盘风险的预测窗口能否拉长，即真实活动盈余操控能否预测未来两年或者三年的股价崩盘风险。具体来说，我们使用特定周收益率重新估算未来两年或者三年的股价崩盘风险指标NCSKEW 和 DUVOL，与前面一致，我们要求上市公司每年都有26 周的周收益率。使用更长的时间窗计算出来的股价崩盘风险指标作为因变量并对式（4 – 10）重新回归，表 4 – 11 给出了对应的实证结果。

表 4 – 11 Panel A 给出了预测窗口为未来两年的实证结果。第（1）列和第（2）列的因变量为 NCSKEW$_{[t+1,t+2]}$。第（1）列的回归结果显示，ABSPMRM1 的系数在 1% 的水平上显著为正（0. 101 且 t = 3. 03）。第（2）列的回归结果显示，ABSPM-RM2 的系数在 1% 的水平上显著为正（0. 350 且 t = 4. 67）。第（3）列和第（4）列的因变量为 DUVOL$_{[t+1,t+2]}$。第（3）列的回归结果显示，ABSPMRM1 的系数在 1% 的水平上显著为正（0. 067 且 t = 3. 76）。第（4）列的回归结果显示，ABSPMRM2 的系数在 1% 的水平显著为正（0. 187 且 t = 4. 73）。总之，Panel A 的实证结果同样表明 PMREM 与未来两年股价崩盘风险显著正相关，从而证明了假说 H1。

表 4 – 11　　　　　　　　　更长的预测窗口

	(1)	(2)	(3)	(4)
Panel A：Two-year window				
	NCSKEW$_{[t+1,t+2]}$	NCSKEW$_{[t+1,t+2]}$	DUVOL$_{[t+1,t+2]}$	DUVOL$_{[t+1,t+2]}$
ABSPMRM1$_t$	0. 101 *** (3. 03)		0. 067 *** (3. 76)	
ABSPMRM2$_t$		0. 350 *** (4. 67)		0. 187 *** (4. 73)

续表

	（1）	（2）	（3）	（4）
Panel A：Two-year window				
	NCSKEW$_{[t+1,t+2]}$	NCSKEW$_{[t+1,t+2]}$	DUVOL$_{[t+1,t+2]}$	DUVOL$_{[t+1,t+2]}$
DTURN$_t$	-0.061*	-0.061*	-0.033*	-0.033*
	(-1.78)	(-1.78)	(-1.75)	(-1.77)
NCSKEW$_t$	0.047***	0.047***	0.030***	0.030***
	(6.06)	(6.05)	(7.15)	(7.16)
SIGMA$_t$	8.651***	8.615***	4.235***	4.227***
	(5.30)	(5.30)	(5.01)	(5.02)
RET$_t$	1.001***	0.992***	0.471***	0.468***
	(3.46)	(3.45)	(3.15)	(3.15)
LNSIZE$_t$	0.047***	0.047***	0.016***	0.016***
	(5.42)	(5.40)	(3.25)	(3.24)
MTB$_t$	0.001	0.000	0.000	0.000
	(1.62)	(1.54)	(1.24)	(1.16)
LEV$_t$	-0.049	-0.046	-0.018	-0.016
	(-1.30)	(-1.22)	(-0.87)	(-0.81)
ROA$_t$	0.076	0.072	0.002	0.003
	(1.07)	(1.01)	(0.06)	(0.08)
ABSPMDA$_t$	0.136*	-0.081	0.060	-0.049
	(1.89)	(-0.90)	(1.59)	(-1.03)
N	20607	20607	20607	20607
Adjusted R^2	0.080	0.081	0.104	0.104
Panel B：Three-year window				
	NCSKEW$_{[t+1,t+3]}$	NCSKEW$_{[t+1,t+3]}$	DUVOL$_{[t+1,t+3]}$	DUVOL$_{[t+1,t+3]}$
ABSPMRM1$_t$	0.094***		0.054***	
	(2.60)		(3.00)	
ABSPMRM2$_t$		0.312***		0.143***
		(4.12)		(3.88)
DTURN$_t$	-0.077**	-0.078**	-0.023	-0.024
	(-2.07)	(-2.10)	(-1.28)	(-1.32)

续表

	（1）	（2）	（3）	（4）
		Panel B：Three-year window		
	NCSKEW$_{[t+1,t+3]}$	NCSKEW$_{[t+1,t+3]}$	DUVOL$_{[t+1,t+3]}$	DUVOL$_{[t+1,t+3]}$
NCSKEW$_t$	0.046 ***	0.046 ***	0.026 ***	0.026 ***
	(5.17)	(5.16)	(6.18)	(6.18)
SIGMA$_t$	8.793 ***	8.777 ***	3.868 ***	3.871 ***
	(5.00)	(5.01)	(4.67)	(4.69)
RET$_t$	1.097 ***	1.091 ***	0.449 ***	0.448 ***
	(3.66)	(3.66)	(3.16)	(3.16)
LNSIZE$_t$	0.051 ***	0.050 ***	0.014 ***	0.014 ***
	(4.89)	(4.87)	(2.73)	(2.73)
MTB$_t$	0.002 **	0.002 **	0.001 **	0.001 **
	(2.44)	(2.41)	(2.36)	(2.32)
LEV$_t$	−0.018	−0.016	−0.012	−0.011
	(−0.39)	(−0.35)	(−0.54)	(−0.51)
ROA$_t$	0.173 **	0.171 **	0.038	0.039
	(2.03)	(2.01)	(0.92)	(0.95)
ABSPMDA$_t$	0.264 ***	0.073	0.094 **	0.012
	(3.34)	(0.79)	(2.48)	(0.26)
N	18424	18424	18424	18424
Adjusted R^2	0.083	0.083	0.122	0.122

注：（1）括号内为 t 统计量。

（2）为减少自相关和异方差对实证结果的影响，回归中的标准差均聚集（cluster）在企业层面上。

（3）在所有的回归中，我们使用行业哑变量和年度哑变量来控制行业效应和年度效应。

（4）***，** 和 * 分别表示在1%，5% 和10% 的水平上显著。

（5）所有变量在附录 A 中均有详细定义。

表4 -11 Panel B 给出了预测窗口为未来三年的实证结果。第（1）列和第（2）列的因变量为 NCSKEW$_{[t+1,t+3]}$。第（1）列的回归结果显示，ABSPMRM1 的系数在1% 的水平上显著为正（0.094 且 t = 2.60）。第（2）列的回归结果显示，ABSPM-

RM2 的系数在 1% 的水平上显著为正（0.312 且 t = 4.12）。第
（3）列和第（4）列的因变量为 DUVOL$_{[t+1,t+3]}$。第（3）列的
回归结果显示，ABSPMRM1 的系数在 1% 的水平上显著为正
（0.054 且 t = 3.00）。第（4）列的回归结果显示，ABSPMRM2
的系数在 1% 的水平上显著为正（0.143 且 t = 3.88）。总之，
Panel B 的实证结果同样表明 PMREM 与未来三年股价崩盘风险
显著正相关，从而证明了假说 H1。

　　总之，表 4 - 11 的回归结果表明，即使对未来股价崩盘风
险的测算拉长到未来两年甚至三年，真实活动盈余操控仍与未
来股价崩盘风险显著正相关，换句话说，真实活动盈余操控对
未来股价崩盘风险仍然能起到预测作用，从而进一步证实了假
说 H1。

4.6　作用机制

　　迄今为止，我们的研究已经表明真实活动盈余操控程度较
高的上市公司面临的股价崩盘风险也较高。在这一节里，我们
将探索真实活动盈余操控对未来股价崩盘风险影响的作用机制。
先前的文献（赫顿、马库斯和德拉尼亚，2009；靳和梅尔斯，
2006）已经证实财务报告的透明度越低，未来股价崩盘发生的
可能性越高。因此，我们想验证真实活动盈余操控程度越高的
公司是否降低了财务报告的透明度（这里用财务报告质量来衡
量），进而提高了股价崩盘风险。

　　本章使用三个指标来测度财务报告质量（FRQ）。第一个指
标 DISACCR 等于科塔里、里昂和威斯利（2005）的研究中可操

控应计项目模型残差的绝对值乘以 -1。第二个指标 DISREV 等于麦克尼科尔斯与施图本 (2008) 的研究中可操控收入模型残差的绝对值乘以 -1。第三个指标 DD 等于德肖和迪切夫 (2002) 模型过去五年残差的标准差乘以 -1。具体计算过程在附录 B 中均有详细描述。

表 4 - 12 给出了相应的实证结果。第 (1) 列和第 (4) 列的因变量为 DISACCR。第 (1) 列的回归结果显示，ABSPMRM1 的系数在 1% 的水平上显著为负 (-0.056 且 t = -9.53)。第 (4) 列的回归结果显示，ABSPMRM2 的系数在 1% 的水平上同样显著为负 (-0.123 且 t = -13.24)。第 (1) 列和第 (4) 列的实证结果表明 PMREM 与财务报告质量显著负相关，这也证实了前面的讨论，表明真实活动盈余操控会降低企业的财务报告质量 (财务报告透明度)，进而增加了上市公司股价崩盘的风险。

表 4 - 12 作用机制

	(1) $DISACCR_t$	(2) $DISREV_t$	(3) DD_t	(4) $DISACCR_t$	(5) $DISREV_t$	(6) DD_t
$ABSPMRM1_t$	-0.056*** (-9.53)	-0.026*** (-9.74)	-0.019*** (-6.08)			
$ABSPMRM2_t$				-0.123*** (-13.24)	-0.051*** (-12.57)	-0.038*** (-7.94)
INS_t	0.016*** (9.70)	0.006*** (6.32)	0.009*** (6.26)	0.016*** (9.67)	0.006*** (6.31)	0.009*** (6.28)
$ANALYST_t$	-0.015** (-2.15)	-0.008* (-1.73)	0.001 (0.09)	-0.013** (-1.99)	-0.008 (-1.63)	0.001 (0.21)
SOE_t	0.005*** (6.00)	0.000 (1.06)	0.005*** (5.98)	0.005*** (6.28)	0.001 (1.18)	0.004*** (5.98)

续表

	(1) DISACCR$_t$	(2) DISREV$_t$	(3) DD$_t$	(4) DISACCR$_t$	(5) DISREV$_t$	(6) DD$_t$
HKLIST$_t$	0.014 *** (3.33)	0.004 (1.62)	0.001 (0.43)	0.014 *** (3.33)	0.004 (1.62)	0.001 (0.46)
BIG4$_t$	0.016 *** (4.92)	0.003 * (1.65)	0.003 (1.14)	0.015 *** (4.51)	0.003 (1.40)	0.003 (1.02)
LNSIZE$_t$	−0.006 *** (−5.18)	0.000 (0.37)	0.001 (0.55)	−0.006 *** (−5.24)	0.000 (0.34)	0.001 (0.57)
MTB$_t$	−0.000 (−1.44)	−0.000 (−0.65)	−0.000 * (−1.73)	−0.000 (−1.26)	−0.000 (−0.47)	−0.000 * (−1.70)
LEV$_t$	−0.028 *** (−6.50)	−0.021 *** (−8.97)	−0.012 *** (−3.29)	−0.027 *** (−6.37)	−0.020 *** (−8.84)	−0.012 *** (−3.17)
ROA$_t$	−0.033 *** (−2.75)	−0.005 (−0.88)	−0.017 (−0.94)	−0.033 *** (−2.64)	−0.005 (−0.94)	−0.017 (−0.94)
N	19017	19442	12005	19017	19442	12005
Adjusted R^2	0.048	0.072	0.084	0.056	0.075	0.087

注：（1）括号内为 t 统计量。

（2）为减少自相关和异方差对实证结果的影响，回归中的标准差均聚集（cluster）在企业层面上。

（3）在所有的回归中，我们使用行业哑变量和年度哑变量来控制行业效应和年度效应。

（4）***，** 和 * 分别表示在1%，5% 和10% 的水平上显著。

（5）所有变量在附录 A 中均有详细定义。

　　第（2）列和第（5）列的因变量为 DISREV。第（3）列和第（6）列的因变量为 DD。这四列的回归结果也都证实了 PM-REM 降低了财务报告质量，进而增加了上市公司股价崩盘的风险。

4.7　研究结论

本章以 1999～2016 年中国上市公司作为样本，我们发现 PMREM 与上市公司未来股价崩盘风险显著正相关。进一步研究发现，PMREM 与上市公司未来股价崩盘风险的正相关关系在代理成本较高的公司（高管理费用比率公司或低资产周转率公司）更明显。最后，我们还发现上市公司的真实活动盈余操控程度越高，其财务报告质量越低。我们的实证结果表明，真实活动盈余操控会隐藏坏消息的及时披露并引致次优决策，这正是导致上市公司未来股价崩盘的原因。

我们的研究为真实活动盈余操控对公司的影响从股价崩盘风险的角度提供了新的实证证据，表明真实活动盈余操控会严重影响公司股票市场的表现。

附录 A　变量定义

A.1　应计项目盈余操控指标

本书使用可操控应计项目的绝对值来测度应计项目盈余操控。与科塔里、里昂和威斯利（2005）一样，在 t 年，对于任意公司 i，我们选择同行业（根据中国证券监督管理委员会《上市公司行业分类指引》分类）资产收益率（ROA）最接近的上市公司 j 作为匹配公司，与盈余表现匹配后的应计项目盈余操控变量（ABSPMDA$_{it}$）等于 ABSDA$_{it}$ 与匹配公司 j 当年的 ABSDA$_{jt}$ 的差。最后，SUMDA 等于过去三年（从 t－2 年到 t 年）AB-SPMDA 的和。

A.2 真实活动盈余操控指标

可操控经营现金净流量（R_CFO）、可操控产品成本（R_PROD）和可操控酌量性费用（R_DISEXP）等于各变量当年发生的实际数减去对应拟合值的差。第一个综合真实活动盈余管理变量（RM1）等于可操控酌量性费用乘以－1 再加上可操控产品成本的和，这样 RM1 的数值越高意味着上市公司抬高的利润越多。第二个综合真实活动盈余管理变量（RM2）等于可操控经营现金净流量乘以－1 再加上可操控产品成本的和，RM2 的数值越高同样意味着上市公司抬高的利润越多。我们将使用真实活动盈余管理的绝对值（ABSREM）来测度真实活动盈余操控。

与科塔里、里昂和威斯利（2005）一样，在 t 年，对于任意公司 i，我们选择同行业（根据中国证券监督管理委员会《上市公司行业分类指引》分类）资产收益率（ROA）最接近的上市公司 j 作为匹配公司，与盈余表现匹配后的真实活动盈余操控变量（ABSPMREM$_{it}$）等于 ABSREM$_{it}$ 与匹配公司 j 当年的 AB-SREM$_{jt}$ 的差。最后，SUMREM$_{it}$ 等于过去三年（从 t－2 年到 t 年）ABSPMREM 的和。

A. 3　其他变量

DTURN$_t$为股票换手率的变化，等于股票 t 年度的月均换手率减去 t-1 年度的月均换手率的差除以 t 年度的月均换手率。

SIGMA$_t$为公司 t 年度特定周收益率的标准差。

RET$_t$为公司 t 年度特定周收益率的平均值。

LNSIZE$_t$是公司 t 年度年末市值的自然对数。

MTB$_t$是公司 t 年度市值账面价值比。

LEV$_t$是公司 t 年度的总负债率。

ROA$_t$是公司 t 年度的资产收益率。

SOE 如果上市公司为国有企业，等于 1，否则为 0。

CSCORE 为会计稳健性，源于卡恩和沃茨（2009）。

INS 为机构投资者持股比例。

ANALYST 为 1 加上分析师覆盖人数的自然对数。

HKLIST 如果公司同时在香港股票市场上市，等于 1，否则为 0。

BIG4 如果公司的审计师来自四大会计师事务所，等于 1，否则为 0。

DISACCR 为科塔里、里昂和威斯利（2005）可操控应计项目模型残差的绝对值乘以 -1。

DISREV 等于麦克尼科尔斯和施图本（2008）可操控收入模型残差的绝对值乘以 -1。

DD 等于德肖和迪切夫（2002）模型过去五年残差的标准差乘以 -1。

附录 B　财务报告质量（FRQ）的测度

DISACCR 为科塔里、里昂和威斯利（2005）可操控应计项目模型残差的绝对值乘以 -1，具体模型如下：

$$\frac{\text{TAccr}_{it}}{A_{it-1}} = \alpha_0 + \alpha_1 \frac{1}{A_{it-1}} + \alpha_2 \frac{\Delta\text{REV}_{it}}{A_{it-1}} + \alpha_3 \frac{\text{PPE}_{it}}{A_{it-1}} + \alpha_4 \frac{\text{ROA}_{it}}{A_{it-1}} + \varepsilon_{it}$$

$$（B-1）$$

其中，i 为公司；t 为年份；TAccr 为总应计项目，等于非现金流动资产的变化额减去非利息流动负债的变化额再减去折旧和摊销费用；A 为总资产；ΔREV 为销售收入的变化额；PPE 为固定资产原值；ROA 为资产收益率。

DISREV 等于麦克尼科尔斯和施图本（2008）研究中的可操控收入模型残差的绝对值乘以 -1，具体模型如下：

$$\frac{\Delta\text{AR}_{it}}{A_{it-1}} = \alpha_0 + \alpha_1 \frac{\Delta\text{REV}_{it}}{A_{it-1}} + \varepsilon_{it} \qquad （B-2）$$

其中，i 为公司；t 为年份；AR 为应收账款的变化额；A 为总资产；ΔREV 为销售收入的变化额。

DD 等于德肖和迪切夫（2002）模型过去五年残差的标准差乘以 -1。

$$\frac{\text{TAccr}_{it}}{A_{it-1}} = \alpha_0 + \alpha_1 \frac{\text{OCF}_{it-1}}{A_{it-1}} + \alpha_2 \frac{\text{OCF}_{it}}{A_{it-1}} + \alpha_3 \frac{\text{OCF}_{it+1}}{A_{it-1}}$$

$$+ \alpha_4 \frac{\Delta\text{REV}_{it}}{A_{it-1}} + \alpha_5 \frac{\text{PPE}_{it}}{A_{it-1}} + \varepsilon_{it} \qquad （B-3）$$

其中，i 为公司；t 为年份；TAccr 为总应计项目，等于非现金流动资产的变化额减去非利息流动负债的变化额再减去折旧和摊销费用；OCF 为经营现金净流量；A 为总资产；ΔREV 为销售收入的变化额；PPE 为固定资产原值。

第 5 章
结　论

5.1　主要结论

　　上市公司的盈余被外部利益相关者认为是公司财务报表中最重要的会计信息。根据格雷厄姆、哈维和拉杰帕尔（2005），首席财务官认为盈余而不是现金流量，是外部利益相关者评估公司价值的首选工具。上述信条给上市公司带来强烈的激励去操控盈余达到或者超越特定的盈余目标从而来取悦外部利益相关者（布格斯塔勒和迪切夫，1997）。

　　长期以来，财务实践中有两种操控盈余的办法。第一种是通过操控应计项目来实现，该方法不会对现金流造成直接影响（罗约夫德里，2006）。这种基于应计项目的盈余操控（accrual-based earning management，AEM）持续时间较短且会发生反转。第二种通过操控上市公司的真实活动（real activities）来实现。例如，管理层通过改变真实活动（例如销售活动、生产活动或者投资活动）的时点和规模来达到或超过特定的盈余目标。这种基于真实活动的盈余操控（real earnings management，REM）对上市公司的现金流会造成直接的影响。公司管理层偏爱使用真实活动去操控盈余是因为它更难被投资者察觉或提出诉讼（格雷厄姆、哈维和拉杰帕尔，2005；黄、罗约夫德里和斯莱滕，2017；科塔里、米奇可和罗约夫德里，2016），不仅如此，真实活动盈余操控更少受到董事会，监管者和其他利益相关者的监视（金和索恩，2013）。

本书立足于中国特有的制度背景，借鉴国内外已有相关研究成果，首先，检验中国上市公司真实活动盈余管理的动机，考察中国退市制度、公司特征和外部监督对真实活动盈余管理的影响；其次，研究真实活动盈余管理对上市公司运营绩效的影响，并比较了真实活动盈余管理与应计项目盈余管理的经济成本；最后，研究了真实活动盈余管理对股票市场的影响，特别地，本书研究了真实活动盈余管理对股价崩盘风险的影响。

5.2 政策意义

本书以中国上市公司为样本，分析了中国独特的退市制度、公司特征和监管制度对真实活动盈余管理的影响，同时，本书还考察了真实活动盈余管理对上市公司运营表现和市场表现的影响，本书的研究结论对于监管部门规范上市公司财务报告行为，完善资本市场建设具有参考意义，有助于各利益相关者识别上市公司的真实盈余管理行为并做出正确的经济决策。本书的政策意义具体包括以下两个方面的内容。

第一，本书的实证证据建议监管当局在关注上市公司盈余报告质量的时候要同时关注应计盈余管理和真实活动盈余管理。目前，各国监管当局对应计盈余管理的监管都是比较严厉的，特别是安然等公司财务造假事件曝光后。科恩、迪和丽丝（2008）的研究表明；在2002年《萨班斯—奥克斯利法案》通过之后，美国资本市场应计盈余管理显著下降，但与此同时，真实活动盈余管理显著上升，因为真实活动盈余管理更难被监管当局发现。本书的实证结果表明有盈余嫌疑的上市公司的真实活动盈余管理较高。

第二，本书的实证证据表明，真实活动盈余管理会削弱上市公司未来运营绩效，并且真实活动盈余管理的经济成本高于应计盈余管理，因此，公司管理层在实施真实活动盈余管理时应考虑真实活动盈余管理的成本以及相对成本（相对于应计盈余管理）。与此同时，真实活动盈余管理还会增加上市公司未来股价崩盘风险。因此，本书的实证证据建议监管当局在关注上市公司盈余报告质量的时候要同时关注应计盈余管理和真实活动盈余管理，相对而言，真实活动盈余管理比应计盈余管理更值得监管。

参 考 文 献

［1］陈习定，张芳芳，张顺明．分析师覆盖与盈余管理——来自中国上市公司的证据［J］．投资研究，2016，41－58．

［2］陈习定，张芳芳，周秎宸．真实活动盈余管理与未来运营绩效——来自中国上市公司的证据［J］．投资研究，2017，85－100．

［3］程小可，郑立东，姚立杰．内部控制能否抑制真实活动盈余管理？——兼与应计盈余管理之比较［J］．中国软科学，2013，120－131．

［4］李彬，张俊瑞．过度投资、盈余管理方式"合谋"与公司价值［J］．经济科学，2013，35（1）：112－125．

［5］李彬，张俊瑞，曾振．实际活动操控、应计项目操控与会计弹性［J］．管理评论，2011，23（11）：160－168．

［6］李增福，董志强，连玉君．应计项目盈余管理还是真实活动盈余管理？——基于我国2007年所得税改革的研究［J］．管理世界，2011（1）：121－134．

［7］李增福，郑友环，连玉君．股权再融资、盈余管理与上市公司业绩滑坡——基于应计项目操控与真实活动操控方式下的研究［J］．中国管理科学，2011（19）：49－56．

［8］王亮亮．真实活动盈余管理与权益资本成本［J］．管理科学，2013（5）：87－99．

［9］吴克平，于富生. 新会计准则对盈余管理影响的实证研究［J］. 山西财经大学学报，2013（2）：96 - 99.

［10］张芳芳，陈习定. 分析师覆盖与真实活动操控——来自中国上市公司的证据，经济管理，2015（9）：92 - 102.

［11］Allen, Eric J, Chad R Larson, and Richard G Sloan. 2013. Accrual reversals, earnings and stock returns［J］. *Journal of Accounting and Economics*.

［12］Ang, James S, Rebel A Cole, and James Wuh Lin. 2000. Agency costs and ownership structure［J］. *the Journal of Finance* 55, 81 - 106.

［13］Baber, William R, Patricia M Fairfield, and James A Haggard. 1991. The effect of concern about reported income on discretionary spending decisions: The case of research and development［J］. *Accounting Review*, 818 - 829.

［14］Ball, Ray, and Lakshmanan Shivakumar. 2008. Earnings quality at initial public offerings［J］. *Journal of Accounting and Economics*, 45, 324 - 349.

［15］Barber, Brad M, and John D Lyon. 1996. Detecting abnormal operating performance: The empirical power and specification of test statistics［J］. *Journal of financial Economics*, 41, 359 - 399.

［16］Barth, Mary E, John A Elliott, and Mark W Finn. 1999. Market rewards associated with patterns of increasing earnings［J］. *Journal of Accounting Research*, 37, 387 - 413.

［17］Barton, Jan and Paul J Simko. 2002. The balance sheet as an earnings management constraint［J］. *The Accounting Review*, 77, 1 - 27.

［18］Bartov, Eli, Dan Givoly, and Carla Hayn. 2002. The rewards to meeting or beating earnings expectations [J]. *Journal of Accounting and Economics*, 33, 173 – 204.

[19] Bartov, Eli. 1993. The timing of asset sales and earnings manipulation [J]. *Accounting Review*, 840 – 855.

[20] Beneish, Messod D, Eric Press, and Mark E Vargus. 2012. Insider trading and earnings management in distressed firms [J]. *Contemporary Accounting Research* 29, 191 – 220.

[21] Benmelech, Efraim, Eugene Kandel, and Pietro Veronesi. 2010. Stock – based compensation and ceo (dis) incentives [J]. *The Quarterly Journal of Economics*, 125, 1769 – 1820.

[22] Bereskin, Frederick L, Po-Hsuan Hsu, and Wendy Rotenberg. 2018. The real effects of real earnings management: Evidence from innovation [J]. *Contemporary Accounting Research*.

[23] Bergstresser, Daniel, and Thomas Philippon. 2006. Ceo incentives and earnings management [J]. *Journal of Financial Economics*, 80, 511 – 529.

[24] Bhojraj, Sanjeev, Paul Hribar, Marc Picconi, and John McInnis. 2009. Making sense of cents: An examination of firms that marginally miss or beat analyst forecasts [J]. *The Journal of Finance*, 64, 2361 – 2388.

[25] Bleck, Alexander, and Xuewen Liu. 2007. Market transparency and the accounting regime [J]. *Journal of Accounting Research*, 45, 229 – 256.

[26] Bouwens, Jan, and Peter Kroos. 2011. Target ratcheting and effort reduction [J]. *Journal of Accounting and Economics*, 51, 171 – 185.

[27] Brown, Lawrence D. and Arianna Spina Pinello. 2007. To

what extent does the financial reporting process curb earnings surprise games? [J]. *Journal of Accounting Research*, 45, 947 – 981.

[28] Burgstahler, David, and Ilia Dichev. 1997. Earnings management to avoid earnings decreases and losses [J]. *Journal of accounting and economics*, 24, 99 – 126.

[29] Burns, Natasha, and Simi Kedia. 2006. The impact of performance – based compensation on misreporting [J]. *Journal of Financial Economics*, 79, 35 – 67.

[30] Bushee, Brian J. 1998. Investors on myopic r&d investment behavior [J]. *The accounting review*.

[31] Callen, Jeffrey L, and Xiaohua Fang. 2013. Institutional investor stability and crash risk: Monitoring versus short-termism? [J]. *Journal of Banking & Finance*, 37, 3047 – 3063.

[32] Carey, Peter, and Roger Simnett. 2006. Audit partner tenure and audit quality [J]. *The Accounting Review*, 81, 653 – 676.

[33] Caskey, Judson, and N. Bugra Ozel. 2017. Earnings expectations and employee safety [J]. *Journal of Accounting and Economics*, 63, 121 – 141.

[34] Chan, Konan, Louis KC Chan, Narasimhan Jegadeesh, and Josef Lakonishok. 2006. Earnings quality and stock returns [J]. *The Journal of Business*, 79, 1041 – 1082.

[35] Chapman, Craig J, and Thomas J Steenburgh. 2011. An investigation of earnings management through marketing actions [J]. *Management Science*, 57, 72 – 92.

[36] Chen, Changling, Jeong – Bon Kim, and Li Yao. 2017. Earnings smoothing: Does it exacerbate or constrain stock price crash risk? [J]. *Journal of Corporate Finance*, 42, 36 – 54.

［37］ Cheng, Qiang, Jimmy Lee, and Terry Shevlin. 2016. Internal governance and real earnings management ［J］. *The accounting review*, 91, 1051 – 1085.

［38］ Chen, Joseph, Harrison Hong, and Jeremy C Stein. 2001. Forecasting crashes: Trading volume, past returns, and conditional skewness in stock prices ［J］. *Journal of Financial Economics*, 61, 345 – 381.

［39］ Chen, Xiding, Zhiqiang Ye, Zhibo Zhou, and Fangfang Zhang. 2017. Ceo duality and stock price crash risk: Evidence from china ［J］. *Transformations in Business & Economics*, 16, 728 – 741.

［40］ Cohen, Daniel A, Aiyesha Dey, and Thomas Z Lys. 2008. Real and accrual-based earnings management in the pre-and post-sarbanes-oxley periods ［J］. *The Accounting Review*, 83, 757 – 787.

［41］ Cohen, Daniel A, and Paul Zarowin. 2010. Accrual-based and real earnings management activities around seasoned equity offerings ［J］. *Journal of Accounting and Economics*, 50, 2 – 19.

［42］ Cohen, Daniel, Shailendra Pandit, Charles Wasley, and Tzachi Zach. 2013. Measuring real activity management ［J］. *Available at SSRN* 1792639.

［43］ Darrough, Masako, and Srinivasan Rangan. 2005. Do insiders manipulate earnings when they sell their shares in an initial public offering? ［J］. *Journal of Accounting Research*, 43, 1 – 33.

［44］ Das, Somnath, Kyonghee Kim, and Sukesh Patro. 2011. An analysis of managerial use and market consequences of earnings management and expectation management ［J］. *The Accounting*

Review, 86, 1935 – 1967.

[45] DeAngelo, Linda Elizabeth. 1986. Accounting numbers as market valuation substitutes: A study of management buyouts of public stockholders [J]. *Accounting Review*, 400 – 420.

[46] DeAngelo, Linda Elizabeth. 1988. Managerial competition, information costs, and corporate governance: The use of accounting performance measures in proxy contests [J]. *Journal of Accounting and Economics*, 10, 3 – 36.

[47] Dechow, Patricia M, Amy P Hutton, Jung Hoon Kim, and Richard G Sloan. 2012. Detecting earnings management: A new approach [J]. *Journal of Accounting Research*, 50, 275 – 334.

[48] Dechow, Patricia M, and Ilia D Dichev. 2002. The quality of accruals and earnings: The role of accrual estimation errors [J]. *The accounting review*, 77, 35 – 59.

[49] Dechow, Patricia M, and Richard G Sloan. 1991. Executive incentives and the horizon problem: An empirical investigation [J]. *Journal of accounting and Economics*, 14, 51 – 89.

[50] Dechow, Patricia M, Richard G Sloan, and Amy P Sweeney. 1995. Detecting earnings management [J]. *Accounting Review*, 193 – 225.

[51] DeFond, Mark L, and James Jiambalvo. 1994. Debt covenant violation and manipulation of accruals [J]. *Journal of accounting and economics*, 17, 145 – 176.

[52] DeFond, Mark L. 2002. Discussion of the balance sheet as an earnings management constraint [J]. *The Accounting Review*, 77, 29 – 33.

[53] Degeorge, Francois, Jayendu Patel, and Richard Zeck-

hauser. 1999. Earnings management to exceed thresholds [J]. *The Journal of Business*, 72, 1 –33.

[54] Dichev, Ilia D, and Douglas J Skinner. 2002. Large-sample evidence on the debt covenant hypothesis [J]. *Journal of accounting research*, 40, 1091 –1123.

[55] Dichev, Ilia, John Graham, Campbell R Harvey, and Shiva Rajgopal. 2013. Earnings quality: Evidence from the field [J]. *Journal of Accounting and Economics*, 56, 1 –33.

[56] Eldenburg, Leslie G, Katherine A Gunny, Kevin W Hee, and Naomi Soderstrom. 2011. Earnings management using real activities: Evidence from nonprofit hospitals [J]. *The Accounting Review*, 86, 1605 –1630.

[57] Erickson, Merle, and Shiing-wu Wang. 1999. Earnings management by acquiring firms in stock for stock mergers [J]. *Journal of Accounting and Economics*, 27, 149 –176.

[58] Ewert, Ralf, and Alfred Wagenhofer. 2005. Economic effects of tightening accounting standards to restrict earnings management [J]. *The Accounting Review*, 80, 1101 –1124.

[59] Fan, Yun, Abhijit Barua, William M Cready, and Wayne B Thomas. 2010. Managing earnings using classification shifting: Evidence from quarterly special items [J]. *The Accounting Review*, 85, 1303 –1323.

[60] Fields, Thomas D, Thomas Z Lys, and Linda Vincent. 2001. Empirical research on accounting choice [J]. *Journal of accounting and economics*, 31, 255 –307.

[61] Francis, Bill, Iftekhar Hasan, and Lingxiang Li. 2016. Abnormal real operations, real earnings management, and subsequent

crashes in stock prices [J]. *Review of Quantitative Finance and Accounting*, 46, 217 – 260.

[62] Fudenberg, Drew, and Jean Tirole. 1995. A theory of income and dividend smoothing based on incumbency rents [J]. *Journal of Political Economy*, 75 – 93.

[63] Ge, Wenxia, and Jeong-Bon Kim. 2010. Real earnings management and cost of debt [C]. CAAA Annual Conference.

[64] Gong, Guojin, Henock Louis, and Amy X Sun. 2008. Earnings management and firm performance following open-market repurchases [J]. *The Journal of Finance*, 63, 947 – 986.

[65] Graham, John R, Campbell R Harvey, and Shiva Rajgopal. 2005. The economic implications of corporate financial reporting [J]. *Journal of accounting and economics*, 40, 3 – 73.

[66] Gunny, Katherine A. 2010. The relation between earnings management using real activities manipulation and future performance: Evidence from meeting earnings benchmarks [J]. *Contemporary Accounting Research*, 27, 855 – 888.

[67] Habib, Ahsan, and James Hansen. 2008. Target shooting: Review of earnings management around earnings benchmarks [J]. *Journal of Accounting Literature*, 27, 25 – 70.

[68] Hamm, Sophia, Edward Li, and Jeffrey Ng. 2012. Management earnings guidance and stock price crash risk [J]. *SSRN Electronic Journal*.

[69] Healy, Paul M. 1985. The effect of bonus schemes on accounting decisions [J]. *Journal of accounting and economics*, 7, 85 – 107.

[70] Herrmann, Don, Tatsuo Inoue, and Wayne B Thom-

as. 2003. The sale of assets to manage earnings in Japan [J]. *Journal of Accounting Research*, 41, 89 – 108.

[71] Ho, Li-Chin Jennifer, Chao-Shin Liu, and Bo Ouyang. 2012. Bloated balance sheet, earnings management, and forecast guidance [J]. *Review of Accounting and Finance*, 11, 120 – 140.

[72] Hribar, Paul, and Daniel W Collins. 2002. Errors in estimating accruals: Implications for empirical research [J]. *Journal of Accounting research*, 40, 105 – 134.

[73] Huang, Qinghua, Ye Liu, Fangfang Zhang, and Xiding Chen. 2017. Managerial ownership and stock price crash risk: Evidence from china [J]. *Transformations in Business & Economics*, 16, 688 – 702.

[74] Huang, Sterling, Sugata Roychowdhury, and Ewa Sletten. 2017. Does litigation encourage or deter real earnings management? [J]. Social Science Electronic Publishing.

[75] Hutton, Amy P, Alan J Marcus, and Hassan Tehranian. 2009. Opaque financial reports, r-square, and crash risk [J]. *Journal of Financial Economics*, 94, 67 – 86.

[76] Jin, Li, and Stewart C Myers. 2006. R-squared around the world: New theory and new tests [J]. *Journal of Financial Economics*, 79, 257 – 292.

[77] Jo, Hoje, and Yongtae Kim. 2007. Disclosure frequency and earnings management [J]. *Journal of Financial Economics*, 84, 561 – 590.

[78] Jones, Jennifer J. 1991. Earnings management during import relief investigations, *Journal of accounting research*, 29, 193 – 228.

[79] Kasznik, Ron. 1999. On the association between voluntary disclosure and earnings management [J]. *Journal of Accounting Research*, 37, 57 – 81.

[80] Khan, Mozaffar, and Ross L Watts. 2009. Estimation and empirical properties of a firm-year measure of accounting conservatism [J]. *Journal of Accounting and Economics*, 48, 132 – 150.

[81] Kim, Jeong-Bon, and Byungcherl Charlie Sohn. 2013. Real earnings management and cost of capital [J]. *Journal of Accounting and Public Policy*, 32, 518 – 543.

[82] Kim, Jeong-Bon, and Byungcherl Charlie Sohn. 2011. Real versus accrual-based earnings management and implied cost of equity capital [J]. *Social Science Electronic Pubishing*.

[83] Kim, Jeong-Bon, and Liandong Zhang. 2016. Does accounting conservatism reduce stock price crash risk? Firm-level evidence [J]. *Contemporary Accounting Research*, 33, 412 – 441.

[84] Kim, Jeong-Bon, Yinghua Li, and Liandong Zhang. 2011. Cfos versus ceos: Equity incentives and crashes [J]. *Journal of Financial Economics*, 101, 713 – 730.

[85] Kim, Jeong-Bon, Yinghua Li, and Liandong Zhang. 2011. Corporate tax avoidance and stock price crash risk: Firm-level analysis [J]. *Journal of Financial Economics*, 100, 639 – 662.

[86] Kim, Jeong-Bon, Zheng Wang, and Liandong Zhang. 2016. Ceo overconfidence and stock price crash risk [J]. *Contemporary Accounting Research* 33, 1720 – 1749.

[87] Klein, April, 2002, Audit committee, board of director characteristics, and earnings management, *Journal of Accounting and Economics*, 33, 375 – 400.

[88] Kothari, Sabino P, Susan Shu, and Peter D Wysocki. 2009. Do managers withholdbad news? [J]. *Journal of Accounting Research*, 47, 241 – 276.

[89] Kothari, SP, Andrew J Leone, and Charles E Wasley. 2005. Performance matched discretionary accrual measures [J]. *Journal of accounting and economics*, 39, 163 – 197.

[90] Kothari, SP, Natalie Mizik, and Sugata Roychowdhury. 2016. Managing for the moment: The role of earnings management via real activities versus accruals in seo valuation [J]. *The Accounting Review*, 91, 559 – 586.

[91] Kothari, Stephen P, and Richard G Sloan. 1992. Information in prices about future earnings: Implications for earnings response coefficients [J]. *Journal of Accounting and Economics*, 15, 143 – 171.

[92] Kross, William J, Byung T Ro, and Inho Suk. 2011. Consistency in meeting or beating earnings expectations and management earnings forecasts [J]. *Journal of Accounting and Economics*, 51, 37 – 57.

[93] Leggett, Denise, Linda Parsons, and Austin Reitenga. 2009. Real earnings management and subsequent operating performance [J]. *Social Science Electronic publishing*.

[94] Leone, Andrew J, and Steve Rock. 2002. Empirical tests of budget ratcheting and its effect on managers' discretionary accrual choices [J]. *Journal of Accounting and Economics*, 33, 43 – 67.

[95] Li, Lingxiang, Bill Francis, and Iftekhar Hasan. 2011. Firms'real earnings management and subsequent stock price crash risk [C]. CAAA Annual Conference.

［96］ Li, Xiaorong, Steven Shuye Wang, and Xue Wang. 2017. Trust and stock price crash risk: Evidence from china ［J］. *Journal of Banking & Finance*, 76, 74 –91.

［97］ Lobo, Gerald J, and Jian Zhou. 2010. Changes in discretionary financial reporting behavior following the sarbanes-oxley act ［J］. *Journal of Accounting, Auditing & Finance*, 25, 1 –26.

［98］ Lo, Kin. 2008. Earnings management and earnings quality ［J］. *Journal of Accounting and Economics*, 45, 350 –357.

［99］ Matsumoto, Dawn A. 2002. Management's incentives to avoid negative earnings surprises ［J］. *The Accounting Review*, 77, 483 –514.

［100］ Matsunaga, Steven R, and Chul W Park. 2001. The effect of missing a quarterly earnings benchmark on the CEO's annual bonus ［J］. *The Accounting Review*, 76, 313 –332.

［101］ McNichols, Maureen F, and Stephen R Stubben. 2008. Does earnings management affect firms'investment decisions? ［J］. *The Accounting Review*, 83, 1571 –1603.

［102］ Mizik, Natalie. 2010. The theory and practice of myopic management ［J］. *Journal of Marketing Research*, 47, 594 –611.

［103］ Osma, Beatriz García, and Steven Young. 2009. R&d expenditure and earnings targets ［J］. *European Accounting Review*, 18, 7 –32.

［104］ Park, Myung Seok, and Taewoo Park. 2004. Insider sales and earnings management ［J］. *Journal of Accounting and Public Policy*, 23, 381 –411.

［105］ Perry, Susan E, and Thomas H Williams. 1994. Earnings management preceding management buyout offers ［J］. *Journal of*

Accounting and Economics, 18, 157 – 179.

[106] Petersen, Mitchell A. 2009. Estimating standard errors in finance panel data sets: Comparing approaches [J]. *Review of financial studies*, 22, 435 – 480.

[107] Rangan, Srinivasan. 1998. Earnings management and the performance of seasoned equity offerings [J]. *Journal of Financial Economics*, 50, 101 – 122.

[108] Rodríguez-Pérez, Gonzalo, and Stefan van Hemmen. 2010. Debt, diversification and earnings management [J]. *Journal of Accounting and Public Policy*, 29, 138 – 159.

[109] Roychowdhury, Sugata. 2006. Earnings management through real activities manipulation [J]. *Journal of Accounting and Economics*, 42, 335 – 370.

[110] Roychowdhury, Sugata, SP Kothari, and Natalie Mizik. 2012. Managing for the moment: The role of real activity versus accruals earnings management in seo valuation [J]. *SSRN Electronic Journal.*

[111] Schipper, Katherine. 2003. Principles-based accounting standards [J]. *Accounting Horizons*, 17, 61 – 72.

[112] Seybert, Nicholas. 2010. R&d capitalization and reputation-driven real earnings management [J]. *The Accounting Review*, 85, 671 – 693.

[113] Shivakumar, Lakshmanan. 2000. Do firms mislead investors by overstating earnings before seasoned equity offerings? [J]. *Journal of Accounting and Economics*, 29, 339 – 371.

[114] Singh, Manohar, and Wallace N Davidson Iii. 2003. Agency costs, ownership structure and corporate governance mecha-

nisms [J]. *Journal of Banking & Finance*, 27, 793 – 816.

[115] Skinner, Douglas J, and Richard G Sloan. 2002. Earnings surprises, growth expectations, and stock returns or don t let an earnings torpedo sink your portfolio [J]. *Review of Accounting Studies*, 7, 289 – 312.

[116] Sloan, Richard G, 1996, Do stock prices fully reflect information in accruals and cash flows about future earnings?, *Accounting Review*, 289 – 315.

[117] Stein, Jeremy C. 1989. Efficient capital markets, inefficient firms: A model of myopic corporate behavior [J]. *The Quarterly Journal of Economics*, 104, 655 – 669.

[118] Taylor, Gary K, and Randall Zhaohui Xu. 2010. Consequences of real earnings management on subsequent operating performance [J]. *Research in Accounting Regulation*, 22, 128 – 132.

[119] Teoh, Siew Hong, Ivo Welch, and Tak Jun-Wong. 1998. Earnings management and the underperformance of seasoned equity offerings [J]. *Journal of Financial economics*, 50, 63 – 99.

[120] Teoh, Siew Hong, Ivo Welch, and Tak J Wong. 1998. Earnings management and the long-run market performance of initial public offerings [J]. *The Journal of Finance*, 53, 1935 – 1974.

[121] Thomas, Jacob K, and Huai Zhang. 2002. Inventory changes and future returns [J]. *Review of Accounting Studies*, 7, 163 – 187.

[122] Trueman, Brett, and Sheridan Titman. 1988. An explanation for accounting income smoothing [J]. *Journal of accounting research*, 127 – 139.

[123] Wongsunwai, Wan. 2012. The effect of external monitoring on accrual-based and real earnings management: Evidence from venture-backed initial public offerings* [J]. *Contemporary Accounting Research*.

[124] Xu, Nianhang, Xiaorong Li, Qingbo Yuan, and Kam C Chan. 2014. Excess perks and stock price crash risk: Evidence from china [J]. *Journal of Corporate Finance*, 25, 419 – 434.

[125] Xu, Zhaohui, and Gary Taylor. 2007. Economic cost of earnings management through stock repurchases, *SSRN Electronic Journal*.

[126] Yu, Fang Frank. 2008. Analyst coverage and earnings management [J]. *Journal of Financial Economics*, 88, 245 – 271.

[127] Zang, Amy Y. 2011. Evidence on the trade – off between real activities manipulation and accrual – based earnings management [J]. *The Accounting Review*, 87, 675 – 703.

[128] Zhao, Yijiang, Kung H. Chen, Yinqi Zhang, and Michael Davis. 2012. Takeover protection and managerial myopia: Evidence from real earnings management [J]. *Journal of Accounting and Public Policy*, 31, 109 – 135.